海上絲綢之路基本文獻叢書

南洋地理

李長傅 著

文物出版社

圖書在版編目（CIP）數據

南洋地理 / 李長傅著. -- 北京 : 文物出版社，
2022.7
（海上絲綢之路基本文獻叢書）
ISBN 978-7-5010-7662-8

Ⅰ. ①南… Ⅱ. ①李… Ⅲ. ①地理－史料－東南亞
Ⅳ. ① K330.7

中國版本圖書館 CIP 數據核字（2022）第 086653 號

海上絲綢之路基本文獻叢書
南洋地理

著　　者：李長傅
策　　劃：盛世博閱（北京）文化有限責任公司

封面設計：鞏榮彪
責任編輯：劉永海
責任印製：蘇　林

出版發行：文物出版社
社　　址：北京市東城區東直門内北小街 2 號樓
郵　　編：100007
網　　址：http://www.wenwu.com
經　　銷：新華書店
印　　刷：北京旺都印務有限公司
開　　本：787mm×1092mm　1/16
印　　張：10.125
版　　次：2022 年 7 月第 1 版
印　　次：2022 年 7 月第 1 次印刷
書　　號：ISBN 978-7-5010-7662-8
定　　價：90.00 圓

總緒

海上絲綢之路，一般意義上是指從秦漢至鴉片戰争前中國與世界進行政治、經濟、文化交流的海上通道，主要分爲經由黄海、東海的海路最終抵達日本列島及朝鮮半島的東海航綫和以徐聞、合浦、廣州、泉州爲起點通往東南亞及印度洋地區的南海航綫。

在中國古代文獻中，最早、最詳細記載『海上絲綢之路』航綫的是東漢班固的《漢書·地理志》，詳細記載了西漢黄門譯長率領應募者入海『齎黄金雜繒而往』之事，書中所出現的地理記載與東南亞地區相關，并與實際的地理狀况基本相符。

東漢後，中國進入魏晉南北朝長達三百多年的分裂割據時期，絲路上的交往也走向低谷。這一時期的絲路交往，以法顯的西行最爲著名。法顯作爲從陸路西行到印度，再由海路回國的第一人，根據親身經歷所寫的《佛國記》（又稱《法顯傳》）一書，詳細介紹了古代中亞和印度、巴基斯坦、斯里蘭卡等地的歷史及風土人情，是瞭解和研究海陸絲綢之路的珍貴歷史資料。

隨着隋唐的統一，中國經濟重心的南移，中國與西方交通以海路爲主，海上絲綢之路進入大發展時期。廣州成爲唐朝最大的海外貿易中心，朝廷設立市舶司，專門管理海外貿易。唐代著名的地理學家賈耽（七三〇～八〇五年）的《皇華四達記》記載了從廣州通往阿拉伯地區的海上交通『廣州通夷道』，詳述了從廣州港出發，經越南、馬來半島、蘇門答臘半島至印度、錫蘭，直至波斯灣沿岸各國的航綫及沿途地區的方位、名稱、島礁、山川、民俗等。譯經大師義净西行求法，將沿途見聞寫成著作《大唐西域求法高僧傳》，詳細記載了海上絲綢之路的發展變化，是我們瞭解絲綢之路不可多得的第一手資料。

宋代的造船技術和航海技術顯著提高，指南針廣泛應用於航海，中國商船的遠航能力大大提升。北宋徐兢的《宣和奉使高麗圖經》詳細記述了船舶製造、海洋地理和往來航綫，是研究宋代海外交通史、中朝友好關係史、中朝經濟文化交流史的重要文獻。南宋趙汝適《諸蕃志》記載，南海有五十三個國家和地區與南宋通商貿易，形成了通往日本、高麗、東南亞、印度、波斯、阿拉伯等地的『海上絲綢之路』。宋代爲了加强商貿往來，於北宋神宗元豐三年（一〇八〇年）頒佈了中國歷史上第一部海洋貿易管理條例《廣州市舶條法》，并稱爲宋代貿易管理的制度範本。

元朝在經濟上採用重商主義政策，鼓勵海外貿易，中國與歐洲的聯繫與交往非常頻繁，其中馬可·波羅、伊本·白圖泰等歐洲旅行家來到中國，留下了大量的旅行記，記録元代海上絲綢之路的盛况。元代的汪大淵兩次出海，撰寫出《島夷志略》一書，記録了二百多個國名和地名，其中不少首次見於中國著録，涉及的地理範圍東至菲律賓群島，西至非洲。這些都反映了元朝時中西經濟文化交流的豐富内容。

明、清政府先後多次實施海禁政策，海上絲綢之路的貿易逐漸衰落。但是從明永樂三年至明宣德八年的二十八年裏，鄭和率船隊七下西洋，先後到達的國家多達三十多個，在進行經貿交流的同時，也極大地促進了中外文化的交流，這些都詳見於《西洋蕃國志》《星槎勝覽》《瀛涯勝覽》等典籍中。

關於海上絲綢之路的文獻記述，除上述官員、學者、求法或傳教高僧以及旅行者的著作外，自《漢書》之後，歷代正史大都列有《地理志》《四夷傳》《西域傳》《外國傳》《蠻夷傳》《屬國傳》等篇章，加上唐宋以來衆多的典制類文獻、地方史志文獻，集中反映了歷代王朝對於周邊部族、政權以及西方世界的認識，都是關於海上絲綢之路的原始史料性文獻。

海上絲綢之路概念的形成，經歷了一個演變的過程。十九世紀七十年代德國地理學家費迪南・馮・李希霍芬（Ferdinad Von Richthofen，一八三三～一九〇五），在其《中國：親身旅行和研究成果》第三卷中首次把輸出中國絲綢的東西陸路稱爲『絲綢之路』。有『歐洲漢學泰斗』之稱的法國漢學家沙畹（Édouard Chavannes，一八六五～一九一八），在其一九〇三年著作的《西突厥史料》中提出『絲路有海陸兩道』，蘊涵了海上絲綢之路最初提法。迄今發現最早正式提出『海上絲綢之路』一詞的是日本考古學家三杉隆敏，他在一九六七年出版《中國瓷器之旅：探索海上的絲綢之路》中首次使用『海上絲綢之路』一詞；一九七九年三杉隆敏又出版了《海上絲綢之路》一書，其立意和出發點局限在東西方之間的陶瓷貿易與交流史。

二十世紀八十年代以來，在海外交通史研究中，『海上絲綢之路』一詞逐漸成爲中外學術界廣泛接受的概念。根據姚楠等人研究，饒宗頤先生是華人中最早提出『海上絲綢之路』的人，他的《海道之絲路與昆侖舶》正式提出『海上絲路』的稱謂。選堂先生評價海上絲綢之路是外交、貿易和文化交流作用的通道。此後，大陸學者馮蔚然在一九七八年編寫的《航運史話》中，使用『海上絲綢之路』一詞，這是迄今學界查到的中國大陸最早使用『海上絲綢之路』的人，更多地限於航海活動領域的考察。一九八〇年北京大學陳炎教授提出『海上絲綢之路』研究，并於一九八一年發表《略論海上絲綢之路》一文。他對海上絲綢之路的理解超越以往，且帶有濃厚的愛國主義思想。陳炎教授之後，從事研究海上絲綢之路的學者越來越多，尤其沿海港口城市向聯合國申請海上絲綢之路非物質文化遺産活動，將海上絲綢之路研究推向新高潮。另外，國家把建設『絲綢之路經濟帶』和『二十一世紀海上絲綢之路』作爲對外發展方針，將這一學術課題提升爲國家願景的高度，使海上絲綢之路形成超越學術進入政經層面的熱潮。

與海上絲綢之路學的萬千氣象相對應，海上絲綢之路文獻的整理工作仍顯滯後，遠遠跟不上突飛猛進的研究進展。二〇一八年厦門大學、中山大學等單位聯合發起『海上絲綢之路文獻集成』專案，尚在醖釀當中。我們不揣淺陋，深入調查，廣泛搜集，將有關海上絲綢之路的原始史料文獻和研究文獻，分爲風俗物産、雜史筆記、海防海事、典章檔案等六個類別，彙編成《海上絲綢之路歷史文化叢書》，於二〇二〇年影印出版。此輯面市以來，深受各大圖書館及相關研究者好評。爲讓更多的讀者親近古籍文獻，我們遴選出前編中的菁華，彙編成《海上絲綢之路基本文獻叢書》，以單行本影印出版，以饗讀者，以期爲讀者展現出一幅幅中外經濟文化交流的精美畫卷，爲海上絲綢之路的研究提供歷史借鑒，爲『二十一世紀海上絲綢之路』倡議構想的實踐做好歷史的詮釋和注脚，從而達到『以史爲鑒』『古爲今用』的目的。

凡例

一、本編注重史料的珍稀性，從《海上絲綢之路歷史文化叢書》中遴選出菁華，擬出版百册單行本。

二、本編所選之文獻，其編纂的年代下限至一九四九年。

三、本編排序無嚴格定式，所選之文獻篇幅以二百餘頁爲宜，以便讀者閱讀使用。

四、本編所選文獻，每種前皆注明版本、著者。

五、本編文獻皆爲影印，原始文本掃描之後經過修復處理，仍存原式，少數文獻由於原始底本欠佳，略有模糊之處，不影響閱讀使用。

六、本編原始底本非一時一地之出版物，原書裝幀、開本多有不同，本書彙編之後，統一爲十六開右翻本。

目録

南洋地理

南洋地理

李長傅 著

民國二十九年中華書局鉛印本

南洋地理

李長傳著

中華書局印行

例言

一、本書分上下二篇，上篇為總論，總述南洋之名稱、範圍、地文及人文地理。下篇為分論，分述法印、泰國（暹羅）、緬甸、英屬馬來、荷屬東印度、英屬婆羅洲及菲律賓之地理。

二、本書於地文方面注重地體構造、氣候區域及生物分布；人文方面則注重民族分布、經濟、交通與自然之關係及國際現狀。地方誌則注重地理區域及聚落之分布。凡此均根據最新學說及最近統計。

三、本書地名，大部分根據華僑習慣名稱。

四、每章之末，均附重要參考文獻。

五、書中插入草圖多幅，大部分為地體構造、地形、經濟分布、地理區域等。

六、本書記述簡明，可供華僑學校採用，及一般參考。

南洋地理

目錄

南洋地理

上編　總論

第一章　南洋之概念

南洋之名稱　南洋有南方之海洋之意，在地理學上，爲曖昧之名詞。一五一三年西班牙殖民地總督巴爾抱亞氏(Vasco nuney Balboa)稱中亞美利加以南之海名曰 Mer de sud，嗣後歐美地理書上，屢有 South Sea，及 South Sea Islands 等名，蓋指太平洋及太平洋赤道以北之諸島而言也。

我國之所謂南洋，則與歐美異趣，乃指我國以南卽亞洲東南部之地域而言。其與東洋，西洋成鼎足之勢。考之我國史籍，紀元前三世紀之時，已用南海爲郡名。彼時所謂南海，卽指中國以南之海而言，由此海而交通之國家，則稱爲海南諸國或南蠻。

明初通海外諸國，而分其航路爲東洋、西洋。明史：『婆羅亦名文萊，東洋盡處西洋所自起也。』故鄭和有下西洋之說。明末基督敎傳敎士東來，稱歐洲爲西洋，而改稱以前之西洋爲南洋。清初人著作，曾分亞洲海外諸國爲東洋、南洋、及東南洋。清末公文報章，乃稱馬來羣島曰南洋羣島，從此南洋一名，遂爲地理上通

用之名詞矣.

南洋之範圍 南洋既爲曖昧之名詞，故其地域亦無從確指。一般地理學上，大概分爲廣義狹義二說，廣義之說自印度支那半島馬來半島，以迄澳大利亞紐絲綸東括太平洋羣島西包印度，皆稱之爲南洋。狹義之說，則僅指馬來西亞(Malaysia)是也。

現在則採折中之說，而以印度支那半島（含有馬來半島）與馬來羣島爲南洋，前者可稱之曰「大陸南洋」，後者可稱之曰「島嶼南洋。」此地域在地理上與我國關係密切，且爲華僑移殖之中心，故列之爲一地理單位，最爲切當也。

茲將南洋自然及政治之區分列表於下：

印度支那半島（注一）（後印度）Indo China Pen. (Further India)
- 法屬印度支那(Franch Indo China)(注二)
- 泰國(Thailand)(注三)
- 英屬緬甸(Burma)
- 英屬馬來亞(British Malaya)

- 荷屬東印度(Dutch East Indies)
- 英屬北婆羅(British North Borneo)

馬來羣島（南洋羣島）Malay Archipelago
- 英屬文萊(Brunei)
- 英屬沙勞越(Sarawak)
- 葡屬帝汶(Timor)
- 美屬菲律賓(Philippine Islands)

（注一）是爲法人 Malta Brun (1775—1826)所命名。

（注二）或稱法屬印度支那爲安南非也，蓋舊安南王國祇占有今法屬印度支那之一部而已。

（注三）卽暹羅(Siam)。

面積人口　南洋全面積約四百四十二萬方公里（米仟），與我國面積一千一百十一萬方公里比較，約得我國三分之一强。

全人口約一萬二千萬人，平均每方公里約二十九人，比之我國全國平均四十二人者尙稀，可見容納人口之度尙大。但南洋未開發地雖占大部分，而一方面十分開發之地亦有之；故人口密度之分布非常不均。例如爪哇島人口極稠，每方公里達三百十五人，比之世界人口最密之比利時二百六十二人者，且凌駕之。其他荷屬地方，則與之相反，人口極稀。例如荷屬婆羅洲平均每方公里僅四人，蘇門答剌一百八十人，西里伯島二十二人，新幾內亞恐尙不足一人。就全荷印言之，平均密度不過三十二人而已。其他各國之密度

亦不過與荷印相左右

南洋各地面積人口密度比較表

國別		面積(千方公里)	人口(千人)	密度
美屬	菲律賓	二九六	一三、〇九九	四四
英屬	馬來亞	一三六	四、六六〇	三二
	北婆羅洲	七六	二八五	四
	沙勞越	一二四	四四三	四
	文萊	六	三四	五
	緬甸	六〇五	一四、六六七	二四
法屬	印度支那	七四〇	二三、〇三〇	三一
荷屬	東印度	一、八九九	六〇、七三一	三二
葡屬	帝汶	一八	四六〇	二三
泰國		五一八	一三、五〇二	二六

本章參考書

Mill: The International geograply.

Stamp: Asia.

Philip's maps, East Indies.

南洋年鑑第三回版。

張相時：華僑中心之南洋。

李長傅：南洋地理槪略。

*

第二章 地形

地體構造 南洋之地形由其地體之構造視之，可分為三大部：

一、印度馬來地塊 含有印度支那半島之伊洛瓦底江上流，及西塘河(Sittang R.)以東地為花崗岩古生層之古地塊成一大準平原。山脈為不規則的，無顯明之系統；惟安南山脈為斷層地壘，前臨南中國海。泰國北部之撣部高原（Shan Plateau）與我國之雲貴高原相連續，係卡爾斯德（Karst）地形，景色瑰奇。此地域更南下，經克拉地峽(Kra)至馬來半島，更成邦加、勿里洞兩島，而為婆羅洲之核心地域故氾濫於附近之暹羅灣，婆羅海及爪哇海，不過大陸棚之淺海表面為海水所覆而係準平原面之沈水部分而已。馬六甲海峽，亦為相同之情形。

二、喜馬拉雅新褶曲山脈帶 在印度支那半島之西部，為自古生層中生層第三紀層新期之褶曲山脈，與喜馬拉雅構造相類似，向西方凸出作弦月形，有「緬甸弧形山脈」之稱。著名之山脈有阿拉干山脈(Arakan yama)白古山脈（Pegu yama）高達二千公尺，此山脈南延為安達曼羣島(Andaman Is.)

尼古巴羣島(Nicobar Is.)經蘇門答剌、爪哇、峇厘（Bali）龍目(Lombok)松巴哇（Sumbawa）佛羅理士（Flores）至帝汶島，與澳洲大陸塊相衝突，向北曲爲西蘭島（Ceram）及布魯島(Buru)，而環抱萬蘭海(Banda Sea)成一魚鈎之形，有「萬蘭弧形山脈」之稱。

三、東亞新褶曲山脈帶　一稱「東亞花彩列島」(Festoon)自日本列島經台灣至呂宋島爲頂點，向南作扇狀分岐。即「巴拉溫弧」(Palawan arc)「蘇祿弧」(Sulu arc)「沙吉弧」(Sangi arc)「土老弧」(Tulür arc)四脈，諸脈之間有蘇祿海及西里伯海，爲四千公尺以上之海盆。

此外尚有一系統，自新幾內亞火山脈向西，爲濟羅羅(Gilolo)等島嶼。

三系統之新造山帶自西、北、東三方向來會合，遂構成此複雜分散之馬來羣島。

馬來羣島中之蘇門答臘及爪哇，爲大森達列島之主島，山脈與島嶼之走向一致。其最奇妙者爲婆羅洲、西里伯、濟羅羅三島，在地質構造上稱爲K字形島，其山脈之分佈，可以雁形狀配列解釋之。

婆羅洲有「巴拉溫弧」及「蘇祿弧」來自北方，成本島之骨骼，各弧山脈會合島之中央，高達二千公尺，其主軸卽伊蘭(Iran)與卡浦斯（Kapuas）山脈。

西里伯島由北、東、南三方來之山脈，更因火山噴出，故地形比較複雜。濟羅羅島爲西里伯島之縮形。其山脈來自四方，由東來者爲「新幾內亞弧」，由北來者則爲「帛留弧」（Pelew arc）均屬海洋洲系統。

火山帶 南洋火山之富，爲其地理上特徵之一，其分佈配列亦可分爲兩帶，一「緬甸弧形火山帶」一「花彩列島火山帶。」印度支那半島及婆羅洲則不見火山之片影。

「緬甸弧形火山帶，」由緬甸之西邊出發，入孟加拉灣爲安達曼、尼古巴二羣島，經蘇門答剌、爪哇，小森達羣島而環繞萬蘭海。蘇門答剌及爪哇各有火山一百二十左右，合計有火山二百五十內外，蘇門答剌與爪哇間之克拉卡德島（Krakatau）曾於一八八三年噴發，爲歷史最大噴火之紀錄。近年該島之火山尚有噴火之事。

花彩列島之火山帶，由台灣向南，經過巴時海峽之巴布顏羣島（Babuganes）至呂宋島北部是爲巴布顏火山帶。南走分爲數派，(一)南呂宋火山帶經棉蘭荖東側，遠達濟羅羅島。(二)沙吉火山帶由沙吉羣島至西里伯島之北端。(三)蘇祿火山帶由黑人島至蘇祿羣島。

火山所在地，間有火山湖，風景甚佳，又多溫泉，可稱山明水秀之清涼境，爲熱帶地方優良避暑地。

平原及河流　南洋之平原以大陸部分爲大，紅河、湄公河、湄南河、伊洛瓦底江，下流有大平原，含有三角洲性質，爲世界米之主產地，人口密佈，又爲聚落匯萃之區。此外上緬甸之曼德來附近亦爲一豐沃之平原地。

婆羅洲、蘇門答剌之沿海地方，亦有小面積之平原，此等平原亦大部分當河流之下流。南洋平原之地理景觀，與我國迥異，沿海岸低濕，多紅樹林（亦名孕生樹Mangrove）密布，爲毒蛇毒蟲之巢窟，多成無人之境。

大河流均在印度支那半島，紅河、湄公河、湄南河、薩爾溫江、伊洛瓦底江，稱爲五大河，除湄南河外，其上流均在我國。

紅河（Sang Kai）一稱珥江，上流出雲南境，東南流入法屬印度支那，最大支流名黑河（Song Bo），上流亦在雲南境，名把邊江，會合若干支流，注入東京灣，下流構成東京平原，河口有三角洲。

湄公河（Mekong）（注一）上流爲我國之瀾滄江，行橫斷山系中，流勢如矢，南入印度支那，流向東南，至老撾之瑯勃拉邦（Lanang Prabang）附近，又南流爲泰法之界，貫穿柬埔塞及南圻，注南海，下流構成大三角洲。支流以泰國方面爲多，東岸則以安南地壘之緊逼，無大支流。下流在金邊（Pnompenh）附近，右岸受大湖（Tonle-Sap）之水，分爲二派，主流稱前支（Anterior arm），分流名後支（Posterior arm），主

南河舊流路之大部分，湄公河爲掇取河（Pirate），湄南河則爲截頭河（Beheaded River）湄濱河之與薩爾溫河，西塘河之與伊洛瓦底江亦然。

馬來羣島之大河以婆羅洲、蘇門答剌爲主。婆羅洲爲K字形島，故河流四出作放射狀，有巴里多（Barito）、卡浦斯（Capuas）與高底河（Kutei）爲主。蘇門答剌之脊粱山脈偏於西岸，故大河則在東部，而以占碑河（Jambi R.）爲大，下流構成巴鄰旁平原（Palembang Plain）。

（注一）湄爲河之意，公亦河之意。

（注二）湄南河，泰人稱湄南披耶。

海洋地形　海底之起伏，與陸地相似。試就南洋之海洋而言，如汲取太平洋及印度洋之海水，減少二百公尺，則南海之西南部，爪哇海及馬六甲海峽全成乾陸，化爲廣大之平原。蘇門答剌、爪哇、婆羅洲各島與印度支那相連，中挾平原，成歐亞大陸之一部。此二百公尺深之海底，地形學上稱之曰「大陸棚」（continental shelf）。若瓦來斯線（注一）以東則否，各島不過增其面積，無大出入也。

「瓦來斯線」之東部，四五千公尺之深海相連，如萬蘭海深五千二百十一公尺，西里伯海深六千二百十七公尺，蘇祿海深四千六百六十八公尺。西部祗有南海之中部深四千六百六十三公尺。大陸棚以下之海，其成盆形者名曰海盆（sea basin），猶之大陸之盆地，如萬蘭海盆、西里伯海盆是也。其狹長之深海則名之曰海溝（trench）。海溝多在火山脈之前面，如菲律賓山弧東方太平洋面之「菲律賓海溝」，「森達弧」南方印度洋面之「森達海溝」是也。海溝中特別深之處名曰「海淵」（deep），如「菲律賓海溝」中之「愛姆登海淵」（Amten）深一萬零七百九十公尺，稱世界最深之海。海溝多與大山脈平行，蓋與大山脈之形成相對，爲一向斜層之大褶曲帶。

（注一）爲瓦來斯氏（Alfred Russel Wallace）所定之澳、亞地形生物之分界線，詳見本書生物專章。

參考文獻

Suess: The Face of the Earth.

來半島全部因山脈之配置，上緬甸雨量少，故產米不豐。其次泰國中央地低，東因安南山脈之遮隔，西以Kokarit 山脈與西海岸隔離，暹羅灣內海對於氣候上之影響不大，故雨量稀少，米產量不及伊洛瓦底及湄公河之盛。

赤道多雨帶，雖有季候風，但其影響不大，氣溫、雨量歲無大差異，乾溼季之區別不明顯，日照之時間亦無大差異，一年中僅有五十分之長短，薄明之現象極短。試以新加坡為代表。

	年平均氣溫	雨量
新加坡	二七·一度	二六〇〇粍(每月二〇〇—三〇〇粍)

赤道多雨帶之乾濕季與赤道以北之地方相反，五月至十一月為乾季，十一月至四月為濕季，但雨量之相差，不及印度支那之大。

赤道多雨帶為島嶼區域，故各地氣候之差異，不及印度支那半島之甚。

婆羅洲季候風之交替期在四月與十月，此變風期中陰雨連續，溼氣甚大，蒸暑非常，真所謂「蠻煙瘴雨」之地。

南洋尤以赤道多雨帶，每日有雷雨之現象，此時疾風、雷鳴與暴雨同時襲來，暑氣為之一清。每日有一次至二次，其與人生健康關係頗大。

季候風　季候風一譯季節風或季風，英文作 Monsoon，源出阿拉伯文有季節之意。其發生之原因甚簡單。當太陽射照於北半球時，亞細亞大陸之中心成低氣壓；照南半球時澳洲成低氣壓。此二大變化更加地球自轉之影響，遂發生季候風。

南半球當太陽照射時，卽北半球之冬季，自九月至五月，向澳洲之季候風因地球之自轉而成東北風，吹向印度洋。在南海含多量溫氣之風，至安南山脈而冷却，故東京、中圻、南圻降雨。此山脈西面之老撾、泰國，其風不含濕氣，故乾燥，而成草木乾枯之地域。

再西南進行，吸收暹羅灣之濕氣，至馬來半島附近再降雨。同時吸取近海之濕氣而出赤道附近。此間與印度洋之濕氣相合，風向漸次轉變成西北風。蘇門答剌與爪哇，雨量豐沛。婆羅洲因四面海洋及河流之惠，雨量與濕氣亦當然豐富也。

北半球當太陽照射時，卽北半球之夏，自三月至十一月間所吹之季候風之猛烈炎熱而乾燥，但漸出印度洋，吸受其濕氣，蘇門答臘、婆羅洲、馬來半島一帶降雨，印度支那一帶亦同樣潮濕。冬季乾燥枯涸之泰國內地湄公河及其支流，入大

人類由本土移往新地，其對於該地氣候適應之事，名曰氣候馴化(aclimatization)。此氣候馴化之程度，因民族而異。大概溫帶民族在寒帶地方馴化之力強，而在熱帶則弱。歐洲人勢力遍及全世界，而不能耐熱帶之氣候。如英人在印度者，每隔數年，非回本國一次不可。荷蘭人之居留東印度者，年代太久，亦不能忍受。祗有中國人氣候馴化之力最強，寒如西伯利亞，熱如南洋，均不能減其活動力。在南洋方面，歐人為支配者，土人為下層階級，而中國人為其中堅份子，非偶然也。

(注一)詳見拙著轉形期的地理學。

本章參考書目

Sion: Asie des Moussons.

Bruzon and Corton: Le Climat de L' Indochina.

Kendrew: Climates of the Continents

Hintington: Civilization and Climate.

竺可楨：氣象學。

第四章 生物

瓦來斯線 馬來羣島的千百島嶼，就其地形及生物之分布言之，可分爲東馬來、西馬來二區。前者即小森達羣島、新幾內亞及其他望加錫海峽以東諸島嶼之總稱。後者乃包括大森達諸島與婆羅洲之地域。東西馬來之動植物相異甚巨，其原因據十九世紀生物學家瓦來斯氏之發現，凡不能渡海之動物，長棲止於離島，則具有與母系迥異之形態。又澳洲之動物與亞洲之動物，其系統全異，因其爲自地質時代與亞洲分離獨立之島嶼的大陸是也。更進而論之，就動植物分布之關係上，婆羅洲、蘇門答剌、爪哇等島本爲亞洲之一部。瓦氏自峇厘（Bali）龍目（Lombok）二島間起，經望加錫海峽，至棉蘭蕏，與西里伯島間劃一線，謂爲亞洲及澳洲動植物分布之界線，即生物地理上著名之「瓦來斯線」（Wallace line）是也。

威伯爾線 繼瓦來斯氏後研究南洋生物之分布而最有成績者，當推威伯爾氏（Max Weber）。威氏爲荷蘭之魚學家，以淡水魚之分

關係，同一情形。有更格盧及其他有袋獸棲息。新幾內亞以鸚䳇及鸚哥著名，尚有食火雞與天堂鳥著名。

天堂鳥卽鷩鳥(Birds of Paradisé)，除新幾內亞外，如西里伯、濟羅羅與阿盧島亦有之，但色彩不及新幾內亞產之豔麗耳。

本章參考書目

Wallace: Malay Archipelago.

李長傅：南洋生物地理（南洋研究五卷一號）。

第五章　種族

三大系統　南洋的居民，大別之分為三大系統，北部係印度支那族，南部係馬來族，中雜以原住民小黑人族，茲列表如下：

族名	所屬	居住地
印度支那族(Indo Chinese)	黃種（蒙古種）	印度支那半島
馬來族(Malay)	棕種（海岸島嶼種）	馬來半島馬來羣島
小黑人族(Negrito)	黑種（阿非利加種）	印度支那及馬來羣島之內部

印度支那種　印度支那族，指居住印度支那半島之種族而言，屬黃種，雜有漢族、達羅維荼族及馬來族之血液，包含多數之混合血族。不但外觀上差異，如在文化上言之，有屬於中國系者（安南人），有屬於印度系者（緬甸人吉蔑人），亦有純粹印度支那系者（撣人）。

安南種（Annamite）亦稱交趾種，住居北圻、中圻、南圻一帶，體格一般矮小，髮黑，方臉，低鼻，虹彩呈褐色，四肢不甚平衡。此族來源不詳，或以為出於戰國時之越族。

泰族（Thai）自暹人（Siamese），老撾人（Laos），傑仁人（Karem），得楞人（Talaing）等所

D. 緊人(Zi.)

E. 野人(Kaishin)

四、交趾系

1. 安南羣(Annam)

2. 蒲人羣 (Puman Group)
   - A. 卡瓦(Wa; Kawa)
   - B. 卡喇(La; Kala)
   - C. 蒲蠻(Puman)
   - D. 噗喇(Palaung)
   - E. 結些(Chishi)

(注一)見 Davis Yuman. 丁文江爨文考叢刻。

馬來族　馬來族屬蒙古人種，布糸曼巴哈氏(Blumenbach)曾特立一族，名之曰海岸島嶼種。馬來族居住馬來半島、馬來羣島及馬達加斯加島之一部。一稱巫來由人，簡稱巫人。身長中等，頭形爲廣頭與長頭，皮膚黃色及深褐色，髮長而緊張成平波狀，色黑；顴骨秀麗。眼之斜度不如蒙古人之甚。與原住民小黑人及蒙古相混血，大別之爲三派，卽印度尼西亞人(Indonesia)、馬來人(Malay)、玻里尼西亞人 (Polynesia）印度尼西亞人，一稱原始馬來人（Primitive Malay），其居住地域，本自印度支那半島之西北部，遍布馬來羣島，後爲馬來人、阿刺伯人等所驅逐，退居半島及羣島之內部。此族在安南者，有蕃人（Mans），老撾有卡人（Kha），爲半島之原住民。馬達人（Batta）居蘇門答刺之內部。勞仔人（Dayak）居婆羅洲內部，有殺人獵首之風。阿富爾人（Alfurus）居西里伯及香料羣島之內部。乙峨羅地人（Igorotes）、陳格因人（Tinguianes）居呂宋島內部；曼拉保人（Manobo）居棉蘭荖內部。文化均不甚高，依漁獵耕種爲生。

馬來人之發生地，在印度支那之東南部，漸次發展，達馬來羣島，東起玻里尼西亞，西至馬達加斯加，北至台灣島。因其居住地之不同，而分爲爪哇人、森達人、馬都拉人（在爪哇）、湄南加保人（Menagkabau）、亞齊人（Achens 在蘇門答剌）、武吃人（Bugis）、米拉哈沙人（Manahasas 在西里伯島）、峇厘人等。以蘇門答剌與馬來半島之馬來人，爲最純粹，爪哇人之文化最高。多信仰回教，惟菲律賓人信基督教。馬來語爲羣島之商業語。

小黑人　與巴布亞人、澳大利亞人，同稱東黑人，與非洲之西黑人相對稱。小黑人之原住地殆在亞洲之東南部，我國亦有之（注一），現退住馬來半島及馬來羣島之內部。其在呂宋者有海膽人（Aetas），在安達曼羣島者有密科比人（Mincopy），在馬來半島者有沙蓋人（Sakai）、石芒人（Semang）等，身長少有

第六章 資源

開發地域 南洋氣候炎熱，水量豐富，植物之生長極易，故農林業最為發達。而全部大部分未開發，各國開墾地之面積與全面積之百分比列下：

菲律賓	一二·五	法屬印度支那	七·三
泰國	六·二	英屬馬來	一三·二
英屬北婆羅	一·一	荷屬東印度	四·七
平均	六·三		

故南洋未開發地尚多，前途希望無窮。南洋開墾地分布之不均，與人口成正比例。大概平原之地，可耕地的比例最大，山地次之，但無高山峻嶺，因熱帶之惠予，高度地方亦可栽培作物，故全南洋之可耕地與面積之比較，可得百分之二十焉。

泰國之湄南河平原，可耕地占百分之六十。北圻之平原，例如東京平原及南圻，柬埔塞之湄公河平原，其可耕地也佔全面積之半。山地例如爪哇島，自平原至山地帶，皆成耕地，其面積約八萬平方公里，全島面積十三萬二千方公里，其比例亦占百分之六十。蘇門答剌之地理條件與爪哇相同，但未完全開拓，而菲律賓則耕地面積占百分之一二・五。但其平地之面積則占百分之三一・四云。

農林產物　馬來羣島最長日與最短日之時差，不過四十八小時，故此地日照之時間周年無大差異，氣溫之變化甚小，又氣壓之配置，周年同樣，雨量亦極豐，故爲農業最適宜之地。印度支那半島乾溼季甚明顯，有半年之大洪水，故平原地爲世界之大產米地域。

爪哇島五穀豐盛，過去十年中平均輸出產額達三萬三千七百萬盾，全部輸出品幾爲原料品。法印泰國以米爲輸出大宗。南洋主要之農產品以米爲主，有東京米，西貢米，暹羅米，仰光米之稱，均產於紅河、湄公河、湄南河、伊洛瓦底江下流之平原，自海防、西貢、盤谷、仰光等地輸出。荷印及菲律賓亦產之，爲人民主要食料。此外則有甘蔗、玉蜀黍、薯(Cassava)(注一)、碩莪（Sago）、豆類等藥用植物以規那

再次爲煤，蘇門答臘之巴鄰旁州及西海岸州、婆羅洲，東南海岸有著名之煤田，其產額十萬噸以上迄三十萬噸。法屬北圻之鴻基(Hongay)，蘊藏上品之無煙煤，年產達一千九百萬噸，爲南洋第一煤鑛，向我國輸出者不少。馬來半島中部之吉隆坡煤田產額亦達三十萬噸左右。

鐵鑛以馬來半島爲著，自新加坡輸出日本者不少。

此外則有緬甸、馬來半島之錫，蘇門答剌、婆羅洲之金鑛，婆羅洲之金剛石及銅鑛，法屬印度支那之鋅鑛，緬甸之寶石鑛等。

(注一)一稱 Tethys 海，在地質時代自今之地中海經阿爾卑士、伊蘭及喜馬拉雅，爲一大地向斜，後隆起而成山。

水產及畜產　南洋之海洋面積，較陸地面積爲大，故水產極爲豐富，但土人漁船漁具之幼稚及儲藏業之不發達，故水產業亦不興盛。普通之水產有鰹、鮪、旗魚等漁業及工業品原料之鼈甲、海龜以及眞珠之採集等。南洋特產之燕窩，專銷售中國。家畜在緬甸及泰國以象及水牛爲主，多使用於耕作及搬運，其他各地以牛及水牛爲主。又各地養豬之業亦盛。

本章參考書目

Begsmark: Economic Geography of Asia.

The Statesmans Year Book.

張相時：華僑中心之南洋，
南洋年鑑（第三回）。

(一)香港經西貢至新加坡，更自新加坡至盤谷、仰光、吧城、古晉等地。(二)自香港直接至吧城，更自吧城至三寶壠、泗水、孟加錫等地。(三)自香港至馬尼剌，茲列一簡表如下：

香港—西貢(九二七浬)—新加坡(六三〇浬)—┬—檳榔(三九五浬)—仰光—(七三八浬)
　├—吧城(五三二浬)
　├—盤谷(八〇五浬)
　└—古晉(四一七浬)

香港—吧城(一七九六浬)—┬—三寶壠(二三〇浬)—泗水(一七六浬)
　└—孟加錫(七八六浬)

香港—馬尼剌(六四〇浬)

此外自新加坡至印度、歐洲，自馬尼剌至美洲，自吧城至歐洲，自吧城至澳洲，均有航路往來。商船以英、日爲多，荷蘭、法、美次之。

空中交通 南洋之主要航路有三線：(一)自法京巴黎經仰光、盤谷至西貢。(二)自倫敦經印度之加爾各答至新加坡。(三)自荷蘭之阿姆斯特丹至吧城及萬隆。又爪哇島及泰國本境內，亦有短距離之航空路。

本章參考書目

The Statesmans Year Book.

China and South Sea Trade.

南洋年鑑（第三回）。

下編 分論

第一章 法屬印度支那（Indo-Chine Franciase）

第一節 緒論

位置 印度支那爲法國地理學者馬爾德布隆（Malte-Brun 一七七五—一八二六）所命名，以其地勢宗教民俗介乎中印之間也。法屬印度支那據有印度支那半島之東部，簡稱法印。位置在北緯八度至二十三度間，北界中國，西界緬甸、泰國，西南臨暹羅灣，東臨南海。面積七十四萬方公里，人口二千三百萬。

區分 法屬印度支那由一法國殖民地與四保護地組合而成，茲列表如下：

地方	法國	面積（方公里）	人口（單位千人）
北圻	Tonkin（東京）	一一五、七五〇	八、七〇〇
中圻	Annam（安南）	一四七、六〇〇	五、六五六
南圻	Cochin-Chine（交趾）	六四、七〇〇	四、六一六
高綿	Cambodge（柬埔寨）	一八一、〇〇〇	三、〇四六
寮國	Laos（老撾）	二三一、四〇〇	一、〇一二

（附注一）南圻爲殖民地其他四地爲保護地。又法租我國之廣州灣，法人亦列入法印之一部。

（附注二）北圻中圻南圻爲舊安南國卽越南國，土人自稱大南國或大越國。

第二節　地文誌

地形與山脈　北部之北圻高地及老撾山地之大部分，爲雲南山系之延長地域。其主要之地層，係自前寒武紀之地層而成。其地形成一望無涯之「波浪形之化石」，因地質之變化而呈各式之起伏。全地域約二十萬平方公里，自花崗岩、結岩晶之圓頂峯之緩地形，至奇峯屹屼之石灰岩，或爲峽谷洞窟，或爲懸岩之絕壁，犬牙之尖峯，呈特異之觀景。此地域省西北—東南走平行之山脈多條，山脈之間成爲同方向之裂谷。紅河及其支流黑河、清河沿此裂谷自西北向東南走。高峯達二千五百公尺至三千一百五十公尺。

老撾之茶蘭甯高原（Plateau du Tranninh）爲一古地塊，面積達三萬方公里，成法印山系水系之大核心。其高原大概達二千公尺。此地供給印度支那主要之河流，湄公河、紅河之支流而外，東海岸之小水，均發源於此。

茶蘭甯高原西之湄公河流域，跨法印及泰國周圍高峯中成盆地，西南部高度減少移向泰國平原。

老撾高原之東，有安南脊粱山脈，隆起成爲弧形，與海岸平行，東向南海成急斜，西向老撾成緩斜。此山脈不相連續，中切斷爲凹地多處。地質亦甚複雜，北部多石灰岩，南部中部多古期之地層。

安南山脈，分爲多數山地，高峯達二千六百公尺。順化以北之廣治（Quangtri）至遮磅（Tchipone）之哀牢（Ailao）山口，高四百十公尺，爲重要之陸路。

平原與河流　法印有二大平原，北爲北圻平原，南爲南圻，柬埔塞平原，稱法印二大米產地。兩大平原間，有中圻之海岸平原，爲海岸山地小河流冲積之狹長平原，最闊處不過五十公里。

北圻平原爲紅河之三角洲，南圻、柬埔塞平原爲湄公河之三角洲，其大部分爲沼澤濕地，因排水與灌溉之利，一部分化爲良田，非但爲法印最大之米產地，而將來開發之希望尚大。

湄公河爲印度支那之大動脈，全長五千公里，其半程二千五百公里在我國國境，即瀾滄江是也。其在雲南以北，在重山之間，成爲峽流。其次至緬甸與法印邊界，河面闊三四百公尺，其兩岸成急崖，仍爲深沈之峽流。南入老撾境，左岸受 Nam-Hou 及 Nam-Teun 等支流，右岸合東泰國之大水塞猛河(Se'-Mom)。自越會(Viem-Teun)至素旺那曲(Savannakhet)間，水漲時可通舟楫。其下流一百六十公里間有急流，下流至康瀑布(Kong)，夏季可以行舟。再下流經過瀑布數處，過此至河口間，終年可以航行。

湄公河之水量，自桔井(Kratie)以下水量始宏，尤以六月至九月間，上流山地之融雪與季候風之吹來，水位達十二三公尺，河闊數公里，呈汪洋之概。自金邊以下，河分三派，一派西北流入金塔湖，他二派分前後二支，擁三角洲入南海。金塔湖土人名大湖(Tonle Sop, Grand Tac)，有調劑湄公河水量之功效。

湄公河之水量，在琅勃拉邦附近爲一三五〇立方公尺，在金邊附近自三七〇〇至五〇〇〇立方公尺，(每小時)平一九〇〇〇立方公尺，實爲世界有數之大河。其泥土之沖積量一年約十萬萬立方公尺，故其三角洲日漸擴張，在地質時代三角洲爲一海灣，金邊城在海岸，大湖爲海灣之起點云。

紅河(Song hoi, Fleuve Rouge)出雲南者，上流名富良河，穿行石灰岩之山峯間，成爲峽谷。自老街入北圻境，貫通裂谷(斷層谷)間，多急流瀑布，自河內以上設立運河以便航運，實爲北圻通雲南重要之交通路，滇越鐵路與此河平行。

紅河之大支流不少，其東平行者有清河(Riviere Claire)，西有黑河(Song Bo, Fleuve Rouge)

(上流爲雲南之把邊江)自河內而下，成爲扇狀分流，與太平河(Thai Bink)合流，構成大三角洲，每年向海中漲出平均達四十八公尺。其流水量在二四〇〇〇立方公尺以上，夏季呈氾濫之情形。河內在一千三百餘年前爲沿海港口，現距海九十七公里，又十七世紀荷蘭人貿易之海防港，亦距海口五十五公里矣。

海岸 法印之海岸線延長約二千七百公里，外線作大S字形。除三角洲地方外，概爲岩石。自最南端之膠毛角(Pte de ca Man)至頭頓角(St. Jacques)比較平坦，有湄公河之三角洲。東南海中之崑崙山(Poulo Condore)爲歷史上有名之地，現成法印之流刑地。其北之海岸，安南山系直逼海岸，多曲折，有「鐵岸」(Catede Fer)之稱，良港甚多，有會安(Tourane)、歸仁(Qui nhon)、甘蘭(Cam Ranh)等，尤以甘蘭港最著，可停巨艦多艘，近擬闢爲海軍根據地。自會安以北爲東京灣，外蔽海南島，有紅河三角洲，比較平坦，但鴻基、亞龍(Along)(華僑名綠海)俱稱良港。膠毛岬以西爲暹羅灣，沿岸海岸線低濕，有貢鉢(Kampot)港及富國島(Phu quoc)。

氣候 法印大體屬季候風帶，因緯度之高低，距海之遠近，而各地氣候不同。北緯二十度以南之高綿及南圻，殆屬赤道式之氣候，年平均二十七度，最寒月(十二月)與暑月(五月)之較差，在西貢地方不出四度(五月二十九度，十二月二十五度)，又西貢之雨量年達一八〇糎，因爲夏季季候風之影響，雨量多而氣溫高，尤以五月九月雨量特豐。

中圻山地遮蔽夏季季候風之大部，冬季季候風受南海之溫濕，雨量頗多，即所謂多雨式爲中圻氣候之特徵。例如順化五月平均氣溫二十五度，十二月低至十九度至二十度。秋季雨量較夏季爲多（十、十一月各有六六・八至五七糎），全年達二五糎。

北圻因海岸之方向與地形之關係，夏季之季候風自南及東南而來，普通多雨。河內之雨季自五月至十月，而以七月爲最大（三八・八糎）。海防之雨量年達一六二糎。氣溫之較差較大，河內五月二十九度十二月十六度，內地之高平（Cao Bang）則低至十三度。

颶風自菲律賓襲來，自八月至十月多在東京灣，十一月多在安南沿岸，破壞之力頗大。

北圻及老撾之高地與我國雲南之氣候相似，海岸低地近山地方氣候溫和，可利用爲避暑地，中圻之茶力（Dalat）其最著名者也。

第三節　人文誌

人種　法印之人口約二千餘萬，而種族頗複雜。最古之民族爲小黑人族，今退居於高原之森林中，尤以老撾高原之森林地及南圻與中圻之高原地爲主。其種族有眛人(Moi)及猆人（Khas）二族，營其原始的生活。此原始民族因西方及北方來諸族所壓迫，退居內部山地。其自西方侵入者爲印度族，經緬甸而占居柬埔塞，是名吉蔑族（Khmer）曾建設眞臘王國。其次侵入者爲占族（Chams）屬馬來系，曾建設占婆王國。老撾人則屬泰族，來自泰國，安南族則來自中國南部。

自十九世紀時，泰族及安南族占勢力，占婆及吉蔑國家皆被滅亡，由海岸而退入內地。

現在法印諸種族之分布如下。泰族居緬甸泰國及老撾，性質甚平和而易於統制，其形態與中國南部人相似。吉蔑族往昔曾爲印度支那之支配者，建國於緬甸及泰國之南部，受印度之影響文化頗發達，今居於柬埔塞。此種族與原住民相混合，皮膚呈赤黑色，少鈍重，而甚勤勉。

安南族（Annamites） 自中圻之沿海平原北占北圻南居南圻之大平原，其形態與南中國人相似，受中國之文化，姓氏文字衣服皆原自中國。性質溫順而伶俐，但怠惰而乏進取之氣，多從事農業。

另有蕃族(Mna)猺族(Yao)苗族（Miao）來自廣西，居北圻、老撾之高原地方。

中國人自十七世紀移殖，現約四十餘萬，居法印各地，從事商業，亦有與安南人及吉蔑人混血者。法印各部之華僑數，據一九三三年調查，列表如下：

南圻	二二一、九七七人	北圻	四七、四一五人
中圻	一二、八一〇人	柬埔塞	一〇六、二〇〇人
老撾	三、〇二〇人	合計	三八一、四二二人

歐洲人以法蘭西人爲主，有三萬餘，其他歐洲人不過二千七百多，爲官吏及商人。

經濟　法印之經濟區域可分三區：

一、西貢區屬熱帶海洋氣候，即南圻柬埔塞北緯十三度以南，湄公河下流區域爲世界有數之米產地，海湖水產以外，有甘蔗、煙草、咖啡、胡椒、玉蜀黍等農產，樹膠、柚木等林產，水牛等畜產，而以西貢爲經濟之中心。

二、順化區屬安南式氣候帶，占有法印之中部，而以順化及峴港爲中心，產蠶絲、米、甘蔗、肉桂、茶等農產及煤、金等礦產。

三、海防區含有北圻及中圻之北部，米產外有煤、鋅、錫、錳、重石等礦產，紡織製絲等工業亦發達，農業栽培茶、桑、咖啡等。自法國占領以來，獎勵開墾，興排水灌溉等水利，經濟頗有進展。

商港以西貢、峴港、海防爲主要商港，貿易十年前最發達，近年漸退步，其貿易額如下表：

年份	貿易額（百萬佛郎）	年份	貿易額（百萬佛郎）
一八一九年	一三六	一九三二	出口 一、〇二一 入口 九六三

一九〇一年	三六三
一九一〇年	五二九
一九一七年	八〇三
一九二七年	五、五四八

一九三三	出口	一、〇一五
	入口	九一一
一九三四	出口	一、〇四四
	入口	九〇九

出口貨以米爲第一，占全輸出十分之六七，煤及其他農產品次之。輸入品以棉布煤油及其他日用品爲主。

貿易國以法國爲主，輸出占十分之二，輸入占十分之四五。其次輸入地以香港（占十分之二）爲主，荷印、中國、美國次之。輸出亦以香港爲主（約三分之一），荷印、新加坡、日本次之。

交通 主要國道，自北部中國邊界經北圻、中圻、南圻至泰國界，全長二、五七八公里。其他省道縣道通達各地。

法印之鐵路全長二、四二一公里，其主要路線列表如下：

系統	路線	長度
北部鐵路	河內——那岑段	一七九公里
	河內——峴港段	八〇〇

官辦鐵路	南部鐵路	西貢——衕莊段	四二五
		藩廊——茶力段	八八
		西貢——美萩段	七〇
	東埔塞鐵路	吾哥吧喱——金邊段	三三九
私人鐵路	雲南鐵路（滇越鐵路）	海防——老開段	三九五
		老開——昆明段（中國境內）	四六四
合計			二、四二一

自河內至西貢最近全部通車。

內陸水路分為二系統，一、紅河，二、湄公河，紅河在增水期（七月中旬至十月中旬）內，全部七〇〇公里間，可通行輪船。在減水期則縮短為四五〇公里。湄公河自河口至金邊三二〇公里間，吃水五公尺之海洋輪船，四季通行。自金邊至桔井（Kratie）間亦便於航行，自桔井以上，因多急流，故航行頗困難。自西貢至老撾之越會，需十六日至二十日，至瑯勃拉邦則需三十二日至四十四日云。

法印對外航路以西貢、海防為中心，西貢有航路南通新加坡，北達香港。海防有航路與香港、北海、海口、廣州灣往來。今將法印主要航線列表如下：

航路	經過地方
西貢—海防線	歸仁—峴港
西貢—巴城線	泗水
西貢—汕頭線	峴港—海防—香港
西貢—新加坡線	(直航)
西貢—盤谷線	崑崙島—富國島—雲讓
海防—香港線	(直航)

第四節 地方誌

地理區域 法印之行政區域分爲一殖民地四保護地。茲爲研究便利起見，將五行政區域假定爲五地理區域，列表如下：

行政區	地理區
南圻	湄公河三角洲
北圻	紅河谷地
中圻	安南山地
東埔塞	湄公河下流低地
老撾	湄公河上流山地

南圻　占湄公河三角洲之大部分，大概低濕，富於沼澤，河流溝渠縱橫，儼然一大水鄉。冬季成一泥海，夏季水田綠野，景色甚佳。土地肥沃，尤以近數十年來經居留政府之開拓，本世紀初西部野象橫行之原野，由安南農夫之努力，化爲美田。

南圻主要之資源爲米，水田、山田（北部山腹之田成階級狀）占全土百分之三十四，人口十分之九，從事農業，故產米超出消費之量，每年輸出之米甚多，米較在西貢堤岸爲主要之工業，其他甘蔗、咖啡、煙草及樹膠出產亦不少。

西貢（Saigon），一名柴棍，爲南圻首府，位置在東奈河（Dong-Nai）下流，距海口六十五公里。一八八三年人口不過一萬三千，最近有十九萬，華僑七萬四千，爲法印第二都會，市街爲法國式，有總督府等建築。附近之堤岸（Cholon）安南名鍉欸，人口二十萬，中國人占十萬五千，儼然一中國城市。有電車與西貢聯絡，全市之大米較十餘處，大半係華僑經營。

南圻之大城市，人口在三萬以上者，有邊和（Bien Hoa）、美萩（Mytho）、朱篤（Chaudoc）等地。

西貢東之芭蕯（Baria），沿岸之頭頓（C. S. Jacques），爲優良之海水浴場。

崑崙山（Poulo Condore）在西貢東南海中，爲中南交通史上要地，自一八八二年來爲安南之流刑地。居民五百六十人，半爲罪犯。

東埔塞　面積大於南圻三倍，而人口則較少。東北有千公尺之高山聳峙，向海岸漸低，成為五百公尺之丘陵。中央有金塔湖（土名大湖）。西南部屬湄公河流域，成大平原，米田開拓。大湖產魚類，又胡椒與棉花出產甚富。

金邊（Pnom-penh），一稱金塔城，在湄公河右岸，人口八萬二千，華僑一萬四千，為東埔塞首府，東埔塞王居此，有王宮佛寺等古跡。又湄公河之海洋輪船可直達此地，故亦為商業之中心。

吾哥（Angkor）廢墟在大湖西北，與爪哇之佛墖為南洋二大古跡，此地為九世紀時眞臘王國全盛時代所建設佛塔之遺跡，極為雄偉。

貢味（Kampot）沿暹羅灣，為東埔塞出海口，商業不盛。

馬德望（Battambang），華僑一稱城佳，沿東埔塞鐵路，為近泰國界商業要城。

中圻　即安南，沿海有豐沃之平野，內地有富於森林之山地。內地有半開化之味族，營原始之生活。近年道路逐漸開闢，前途希望頗大。海岸平原米及甘蔗栽培頗盛，丘陵地產茶及咖啡，亦有蠶桑之利。人口不多，大部分居住沿海一帶。

順化（Hue）為中圻首府，舊安南王國之首都，有王宮，純粹中國式，人口約八萬。市街沿順化河，分舊市街與法人市街二部，舊市街為商業區，海口名順安（Thuanan），水淺不能泊巨艦。

峴港（Tourane），一譯茶麟，一稱會安，爲中圻之要港。

中圻重要之城市有衙莊（Nhatrang）、歸仁（Qui Nhon）、廣義（Quang-Ngai）、廣治（Quang-Tri）、廣平（Quang Bink）、龍海（Donghoi）（一譯東輝）等地，均在海岸平原。

廣南（Quang-Nam）、歸仁（Qui-Nhon）、衙莊爲煤礦之中心市場。

茶力（Dalat）在中圻南部之蘭平高原（Lang Bian）之最高處（一五〇〇公尺），爲優良之避暑地，登山鐵路，於近年完成。

北圻　卽東京，地據紅河下流，環山面海，農產品米以外，有甘蔗、煙草、桑、咖啡等，中部之丘陵地，均被利用。紅河三角洲乾季需要灌溉，雨季防紅河之氾濫，故水利工程，極感需要，現在排水溝之延長達千公里以上。北圻之高地富於鑛藏，尤以煤產最多，如鴻基（Hongay）、安沛（Yenbay）、諒山均爲著名之煤鑛，年產達百萬噸。

高平（Cao-Bang）之錫，年產七八萬噸。工業有水泥、機械工業、紡織業等，以河內、海防爲中心。

河內（Hanoi），一稱東京（安南人名几聕 Hescho），沿紅河下流，距海口一百三十公里，爲法印及北圻之首府，人口十五萬，華僑四千，爲學術工業之中心，有河內大學及法國遠東學院。

海防（Haipong）在紅河口，距海約五十五公里，人口二十萬，其中華僑二萬，稱北圻第一商港，繁盛亞於西貢，有鐵路通雲南爲北圻之門戶。其東之亞龍灣(Along)奇岩林立，風景幽奇，有星世界之稱。沿灣之鴻基，稱南洋第一大煤鑛。

諒山(Lang-son)沿龍州鐵路，爲中法戰爭史上要地。其北之那岑(Nacham)爲龍州鐵路之終點，與我國鎮南關相近。老街(Laokay)（安南人名保勝）沿紅河與滇越鐵路隔南溪河與雲南之河口相對。

芒街(Moncay)沿東京灣，隔河與廣東之東興相對，均爲中法邊界要地。

南定(Namdink)在河內東南。安沛沿滇越鐵路，均爲北圻要城。

老撾 自廣大之高原山地而成，一部分覆以森林，一部分爲灌木帶，其大部分迄今尚有人跡未至之地；人口疏稀，資源以森林爲主，鑛物尚未開發。其主要之都會有二、一、瑯勃拉邦(Luang Probang)一稱蛟亂，爲老撾王駐在地，人口三萬，以金塔著名。政治上之首府則爲越曾(Vien-Tiane)。

本章參考書目

Teston & Percheron: L'Indochine Moderne

Agard: L' Union Indochinsise Francaise

Clifford: Futher India.

Fereign office: Freneh Indo-Chine.

前田寶治郎：法領印度支那。

南洋研究：越南專號。

Pelet Atlas des Colonies Francaises.

第二章 泰國 Thai land or Muang Thai 即暹羅(Siam)

第一節 緒論

名稱 暹羅之名，據我國史書，始於明代，本為暹與羅斛(注一)二國，後合稱為暹羅云。英文作 Siam，其名稱之來源有種種學說，或謂一世紀時，巴利語及梵語稱湄南河流域為 Cyama，其意有二：一謂黑色之國，一謂黃金之國，後轉而為 Siem，又轉而為 Syam, Sium 云。或謂 Siam 源出 Sa, yam 乃三之意，謂其國由三種族混合而成者(注二)。或謂 Siam 源出 Sama, Samo，乃秋之意。暹羅人自稱泰人(Thai)，乃自由人之意，稱其國曰孟泰 Muang Thai，乃自由邦之意，一九三九年定泰國為國名。

(注一)暹今羅富里，羅斛(Lo ho)在今泰國南部。

(注二)三種指暹羅人、老撾人、撣人而言。

位置 泰國占有印度支那半島之中央，介北緯五度至二十度半，東經九十七度半至一百零五度半之間。南北長約一六四〇公里，東西最廣處約七七〇公里，總面積五一八、一六二平方公里。北界法屬老撾及英部之撣人部落，西接下緬甸，東鄰法屬老撾及柬埔塞。本土之東南隅為馬來半島之一部，南與英屬馬來亞相連，東臨暹羅灣，西臨孟加拉灣。泰國為南洋唯一獨立國，因其介英法兩大之間，而得倖存，即所謂緩衝國(Buffer State)是也。

區分 泰國之地理區分，一般分爲北部、中部、東部、南部（半島）四部。行政區域舊分爲十一省六十縣，現省制已廢止，但爲明瞭起見，仍列舊省如下：

中暹羅	
京畿(Krung Thep)	三、〇五二方公里
大城省(Ayuthia)	一五、四五三
巴眞武里省(Brachinburi)	二四、四四二
那坤西施馬省(Nakon Chaisri)	八、二〇七
辣武里省(Rajburi)	三七、六二九
那坤沙灣省(Nakon Sawan)	四三、一八二
碧士奴省(Pisnulok)	四一、一九二
尖竹汶省(Chantaburi)	一二、三二六

北暹羅	
巴葉省(Bayap)	九三、八四二
東暹羅	
武端省(Udorn)	七〇、三三七
那坤力士馬省(Nakon Rajasina)	九三、九一二
南暹羅（半島暹羅）	
那坤司譚馬辣省(Nakon Stilamarat)	四三、五八一
拋傑省(Phuket)	一六、七七三
大年省(Pattani)	一四、二三四
合計	五一八、一六二

第二節 地文誌

地形與山脈 泰國之中部及東部爲平原，惟北部東南部及西南半島部分爲山地。緬甸弧形山系，自西康作扇狀分歧南走，成平行之南北走山脈多條，其最主要者，惟撣部之唐奈當格山脈(Thanon Thong Chai)南入泰國境，成薩爾溫河與湄公河之分水嶺，又南走泰緬界，爲地那悉林山脈，又南入馬來半島此脈，平均高一千公尺，中多陷落部分，尤其克拉地峽，高僅二十五公尺。湄公河與湄南河間，亦有平行山脈多條，其高峯有達二千公尺者。

東南暹羅之山脈多平行作東西走，其主脈自大城府之東北起東走者爲加與東納克（Kao Donrek）又東綿亙柬埔寨界爲勃郎東納克（Brom Donrek）此脈富於森林，又埋藏鐵、銅、錫等鑛物。尖竹汶之北及東南有科把克（Koh Pacot）及其他小山彙，其中之科沙巴（Koh Sabah）譯言寶石山，以產水晶及寶石馳名。

北暹羅高原實爲撣部高原之一部，呈石灰岩地形，平均高三百公尺。中暹羅爲湄南河平原，長達三百公里，闊五十公里至一百五十公里，實爲一大冲積平原，湄南河口構成大三角洲，爲泰國之中心部分。柯叻高原在東暹羅，實爲老撾高原之一部，高一百三十公尺至二百公尺。

河流　泰國主要之河流，在西部者有湄南河、湄克隆河（Mekloug）注暹羅灣。東部有南猛河（Nam Mrm）東注湄公河。西北部有湄流河（Me Niumi），注薩爾溫江。

湄南河爲泰國之主河，與其主要之支流湄濱河（Mebing）同出北部高原，二水相會於那坤沙灣，又南至猜那（Chainat）又分爲二，本流經大城、盤谷至百欖，支流名塔欽河（Tachin）與本流平行，在百欖西之塔欽，同注暹羅灣。本流與支流間，運河縱橫，交通極便。全水長一千二百公里，給予泰國之交通農業上之天惠極巨，故泰人稱爲「母河」云。

氣候 泰國全土在北熱帶圈內，故常年如夏。最不良之季，自三月末至五月，平均氣溫上昇至九十三度（華氏）。五月中旬至六月上旬入雨季，初雨量不少，後漸次增加，九月中雨量最豐，十月稍減，自十一月至翌年四月爲乾季，十二月及一月間平均七十五度，最低六十八度，氣溫適宜，多晴朗之日，此爲一年最爽適之季節。此氣候爲泰國產米最要之地理條件。泰國中部平原，五月之季候風開始吹來，至十月間止，每日有驟雨，十一月則代以東北季候風，連日晴朗，朝夕氣溫低下。故雨季開始植稻，而於乾季收穫，各地因受季候風影響之長短，而其播種期與收穫期相異，茲列表如下：

地域	播種期	收穫期
中部平原	五月至十月	九月至翌年一月
北部及東部	六月至十月	十一月至翌年一月
南部	全年可種植	普通自一月至五月

第三節 人文誌

人口及種族 據一九三七年調查，全國人口一千三百八十萬人，平均密度每方公里二十六人，而以中度平原人口最密，北部東部平原最稀。

泰國居民以泰族爲主，緬甸族、蒙古蔑族、馬來族次之，茲列爲簡表如下：

泰人(Thai)
- 暹羅族 (Simese) 居中部平原以南
- 老撾族(Laos) 居北部及東部
- 撣 族(Shans) 居北部

緬甸族(Burmese)
- 傑仁人(Karens)
- 擺古人(Pegus)

猛吉蔑人(Mon-Khmys)
- 柬埔塞人卽吉蔑人
- 猛人卽得楞人(Taiaings)居盤谷附近

馬來人 (Malays) 居馬來半島

泰國人自稱泰人，譯言自由人，原居我國長江流域，後自廣西、雲南移殖於湄南河流域，而與中國人、緬甸人及馬來人混血，身長一公尺七，顏色呈橄欖色，性質柔和，富忍耐心，而不免流於怠惰。語言操單音語，文字爲音標字，採用梵文及巴利文之處甚多。其文化來源自印度，而政治制度則受中國影響。爲現在泰國之主人，信奉佛教，凡人民必出家一度，雖帝王不免。教育往昔操之僧侶之手，全國到處佛寺林立。

老撾人，撣人與泰人同族，泰人稱老撾人曰 Thai Ngai （大泰人又舊泰人）而自稱 Thai Noi （小泰人或新泰人）。老撾人，撣人文化比泰人爲低。

馬來人居住馬來半島，依漁獵爲生。其他柬埔塞人及緬甸人多居邊境各地。外僑以中國人爲最多，據一九二九年泰國政府所發表全國種族之人數如下：

泰人	一〇、四九三千人
中國人	四四五千人
印度及馬來人	三八〇千人
柬埔塞及安南人	六六千人
撣人及緬甸人	三二千人
歐洲人	二千人

其中中國人之人數太少，因泰國之華僑，其出身於泰國者曰 Luk Chin，來自中國者曰Chin nok。此人數指後者而言。其出身泰國及中泰混血兒多爲泰國國籍，合計之至少自一百五十萬至二百萬。握有經濟上之實權，而中泰混血兒爲泰國之官吏者不少，卽今王室亦含有中國血統云。

經濟 泰國以米爲主要出產，人民十分之八，從事農業。米產地以湄南河及湄公河之冲積平原爲主，雨季氾濫之河水，逐年下流，其泥土含有天然之肥料，爲優良之水田。泰國政府又努力於水利工程建設運河，故米產額逐年增加，全國之輸出品中米占百分之八十五，平均每年約一百二十萬噸，價額達一萬二千萬元以上。米之輸出地以盤谷為中心，其商業大部分操之華僑之手。

米之次為柚木，占輸出品百分之三・二。其產地在北部山地，由湄南河順流而下，而集中於景邁、百欖坡等地，而以盤谷為大集散埸。

近年棉花之生產漸次發達。甘蔗業在十九世紀之半甚盛，今已衰微。其他農產物有胡椒、茶、咖啡、煙草、椰子、麻、樹膠等。

家畜有水牛與象，象為最主要之家畜，故泰國有「白象王國」（注一）之稱，全國之象有九千餘頭，除耕作外，并作為運輸之用。柚木之採伐，頗有利用象以轉運者。

鑛產之最豐富者為錫，而煤、鐵、鎢、金等次之。泰國之錫以西海岸之抱傑島為中心，自古以來由中國人採掘，近年由英國人大規模開採。煤以馬來半島之萬崙(Banclon)著名。

總之泰國為一米產國，全國總輸出米占百分之八十五，其他柚木、樹膠等合計不過百分之十五。全國人民之大部分從事米作，製造工業無可言者，僅有水泥及火柴等工廠而已。

一九三六年泰國之（國外貿易）情形如下：

輸出 一五八、二一八千銖 米九〇、八三五千銖 錫二三、三七五千銖 柚木五、〇五二千銖

輸出國 馬來半島八五、一九千銖 香港二六、八五四千銖 日本三、二四六千

銖中國二、四六七千銖

輸入 一〇八、七五四千銖 食品一五、八四九千銖 棉織品一八、八六九千銖

輸入國 香港二七、八八三千銖 馬來半島二三、六六九千銖 英國一二、五九〇千銖

日本二七、八八三千銖 中國四、〇六四千銖

（注一）泰國視白象爲異物，實則係有皮膚病之象也。

交通 泰國之鐵路共長四千公里，其主要線爲南北縱貫鐵路，自盤谷北經大城、那坤沙灣、南邦至近北邊之景邁。南縱走馬來半島至國境之雙溪大年（Sungei golok），及巴東峇轄（Pading Besar）與馬來亞東西二縱斷鐵路聯絡，通新加坡。東北鐵路自曼谷經大城北分歧經南猛河上流至柯叻，達武汶支線自柯叻至坤敬。又東部鐵路自盤谷經北柳、巴眞至東埔寨邊境之亞蘭（Aranya）有汽車路與法屬東埔寨鐵路相聯絡。又自盤谷至湄南河口之百欖亦有鐵路，故盤谷成全國鐵路之中心。

河流之交通較少，湄南河自盤谷之百欖間水路六十四公里，有舟運之便，可行三千噸之輪船，常在河口外四十公里之科西昌島（Koh Sichang）卸貨，待長潮時入口。湄公河最大，但航運之利甚微。又泰國因爲產米國，因灌溉之故，建設大規模之運河，故亦有航運之便。

鐵路運河不通之山地，其旅行每利用象爲主要交通工具，旅客跨象背越山涉水，宛如沙漠地方駱駝

隊之情形。又有利用水牛者。

海運以盤谷及百欖爲中心。因地不當世界航路衝途，故海運不發達。航路與香港、西貢、新加坡、吧城各地往來較繁。

馬來半島之克拉地峽，闊僅四十英里，近有開闢運河之說，此河如能成功，可縮短歐洲航路，而代替新加坡之地位。

政治　泰國爲南洋唯一獨立國，因介乎英法兩大之間，而倖保獨立，即所謂緩衝國家。舊有國土，含有老撾及馬來半島之吉打、吉蘭丹、丁加奴諸邦，今分割於英法，因國王拉馬第五之維新，效法歐洲，得保有獨立之地位。本爲君主專制國，一九三二年改爲君主立憲國。

全國行徵兵制，現有陸軍二萬餘人，海軍不振，祗有一百噸以上之軍艦二十艘，其中五百噸以上者十艘。此外有小輪船五六十艘，運送艦三艘而已。

教育往昔操之僧侶之手，近年效法歐洲，於盤谷設立大學，而遣派留學生於歐美，在政府握有政權之青年官吏，均留學生也。

第四節　地方誌

地理區域　泰國地理區域，可分爲北暹羅、中暹羅、東暹羅、南暹羅四區，茲列表如下：

區域名	地形	政治區
北暹羅	上暹羅山地	巴葉及碧士奴與那坤沙灣之北部。
中暹羅	下暹羅平原	京畿、大城、那坤西施及碧士奴與那坤沙灣之南部，辣武里之北部。
東暹羅	柯叻山地	武端、那坤力氏馬、巴眞、尖竹汶。
南暹羅	馬來半島	辣武里之南部與那坤司譚馬辣、抱傑、大年。

北暹羅　一稱上暹羅，占有湄南河上流，爲高台性之山地，平均高七八百公尺，森林四佈，產柚木，結木爲筏，沿湄公河而下，而集中於盤谷。湄南河谷地，豐度頗高，栽培米，煙草，棉花，茶等。

景邁（Chieng Mai）爲上暹羅之中心都市，當北部鐵路之終點，人口三十五萬（合近郊計算），爲泰國第二都市，柚木之貿易極盛，與撣部及雲南有隊商貿易（Carravian Trade）往來。

百南坡（Paknampo）當湄南河與湄濱河之

會口木材之貿易頗盛，人口三萬，此地爲泰國古都之一。

中暹羅　即下暹羅，當湄南河之冲積平原，季候風式之降雨與高溫，具有米之生產地帶之最良條件。此區域河流縱橫，交通便利，人口稠密，實爲泰國之中心城域。

盤谷 (Bangkok)，一譯網咯，爲一七六七年暹羅王華僑鄭昭(Chao Tak Sin) 所建設，本在湄公河右岸之統富里，一七八二年拉馬第一移至左岸，人口連近郊計算有六十六萬，稱南洋第一大都會，爲泰國政治經濟交通之中心。居民中華僑占半數。王宮、佛寺、名勝甚多。有新建設之拉馬一世橋，跨湄南河與對岸之統富里相連。湄公河岸，米較木較林立，多爲華僑所經營。

百欖(Paknam)在湄公河口，爲盤谷外港，有鐵路相通，又爲要塞地方。

大城(Ayuthia)一稱軍告 (Krang Kao)（舊都之意），爲盤谷以前之都城，沿湄南河，人口二十七萬，爲鐵路中心點之一。一七六七年爲緬甸兵所毀，鄭昭遷都曼谷，此地僅存遺跡矣。

佛統 (Prapatom) 在盤谷西，以全國最大佛塔著名，約二千二百七十餘年前印度王達磨阿輸迦(Damma Asoka Rata) 遣僧徒布教於此，此地有當時紀念所築佛塔之舊跡，因年久而荒廢，自拉馬三世時乃重加修建。

佛丕 (Petchaburi) 在盤谷西南暹羅灣頭，大佛寺及大佛塔之遺跡甚多。人口十四萬，爲椰子、砂糖之大集散地，又爲入馬來半島之門戶，故亦爲軍事要地。

華欣(Hua Hin)在佛丕南沿鐵路，瀕暹羅灣，有國王離宮及別墅甚多，爲海岸休養勝地。

東暹羅 卽柯叻台地，爲二百公尺內外之盆地狀台地，沼澤及不生產地甚多，但河流沿岸之平地亦產米，在經濟上不及上下暹羅之重要。

柯叻(Korat)在南猛河上流，自東北鐵路開通後，急激發展，人口約十四萬，東部之農產物集中於此。

武汶(Ubon)在南猛河下流，爲東北鐵路之終點。

北柳(Petriu)爲東北鐵路要地，尖竹汶(Chantaburi)在暹羅灣東岸，自一九〇〇年至一九〇七年間，曾爲法國佔領。後泰國割馬德望(Battambang)等地與法，此地始行收回。

半島地方 卽泰屬馬來半島，占有馬來半島之北部，地形狹長，西部爲鑛產地帶，以錫出產最富，金、銀、煤、煤油亦產之。東岸爲農產地帶，因雨量豐富，故植物茂盛，橡皮之出產頗多。

六坤(Lacon)(一譯洛坤)、宋卡(Singora)、大年(Patani)均在馬來半島東岸，近古以前，爲中國與南洋及歐洲人通商要地。宋卡在十八世紀末，曾爲漳州人吳讓寬占領，其所築之城猶存。

抱傑(Phuket)一譯甫吉，在半島西岸之小島上，以產錫著名，自十五世紀以來，中國人卽從事採錫於此，今有人口三萬五千，爲一鑛業城市。

本章參考書目

College de l'Assomption: Atlas-Geography of Siam.

Graham: Siam. 2 Vols.

Foreign office: Siam Satatistical yaer Book ot the Kingdon of Siam.

Siam Nature and Industry.

山口武：暹羅。

南洋研究（暹羅專號）。

第三章 緬甸(Burma)

第一節 緒論

位置 緬甸我國舊稱緬國，英文作巴馬(Burma)，原爲 Mrammah，係民族之名，即強人之意，後轉而爲 Myamma Bama 及 Burma 云。位置在印度支那半島之西部，本爲獨立國，係我國藩屬。一八八六年滅於英，列爲印度之一省，最近分離爲英國直轄殖民地。位置自北緯九度五十五分至二十八度三分，東經九十二度十分與一百一度九分間。面積六〇五、二七七方公里。東界我國雲南、法印及泰國，北界我國西康，西界印度之阿薩姆及孟加拉省，南及西南臨孟加拉灣及馬打萬灣。

區分 緬甸大概分爲上緬甸（北部）、下緬甸（南部）二部。地方行政分爲七縣，另有撣部土司地方。茲到表如下：

	縣名	首城
下緬甸	阿刺干(Arakan)	亞夾(Akyab)
	伊洛瓦底(Irrawaddy)	勃生(Bassein)
	勃臥(Pegu)	勃臥
	仰光((Rangoon)	仰光
	地那悉林(Tenasserim)	毛淡棉(Moulmein)
上緬甸	曼德來(Mandalay)	曼德來
	東北邊境(N. E. Frontier)	眉猫(Maymyo)
	西北邊境(N. W. Frontier)	士雞(Sagaing)
撣部(Shan States)		

第二節　地文誌

地形　緬甸之地形構造，分爲三大單元。

一、阿刺干瑤馬(Arokan Yoma)，形成緬甸與印度之障壁，爲阿爾卑士時代褶曲山脈之一大系列。其山麓之丘陵，遠達孟加拉灣海岸。此大山脈向北延長爲巴枯山脈(Patkoi or Naga Range)，南延長爲安達曼及尼古巴羣島，古代結晶質諸岩石爲其核心部，兩旁則有以褶曲而成之第三紀水成岩。其最高峯爲維多利亞峯，達三千公尺以上。此脈又稱緬甸弧形山脈，背部向印度平原。

二、撣部高原爲古生代石灰岩層所成之 Karst 地域，高度在二千公尺內外，薩爾溫河穿鑿其間，成一千公尺之峽谷。此高原之石灰岩以受二疊紀層之褶曲爲主，遠與南方之馬來半島相接續。

三、伊洛瓦底谷地，介阿剌干瑤馬與撣部高原之間，殆爲第三紀層所掩覆。除勃臥瑤馬外，大部分爲低地。其中央爲著名之緬甸油田。此谷地南部之大三角洲爲最近之沖積層。又略沿古期第三紀凹溝地之中央，有無數之死火山。

緬甸丘陵及山地之大部分，以前覆以森林，有優良之土壤，而雨量多之地，屢洗落開墾丘陵地之土壤，又撣部高原之石灰岩地方普通存留赤土。而緬甸最肥沃之地爲三角洲及河谷之沖積土。壚埆在勃臥附近與粘土及土砂相混合。伊洛瓦底河及其他砂質地層，殆爲純粹砂土所成。因緬甸多雨之地域有乾燥期，故低地之大部分覆以紅土質地層。

水系　緬甸之河流，爲南北性之水，以東北之薩爾溫江（Salween R.）中部之伊洛瓦底江（Irrawaddi R.）及其支流親敦江(Chindwin R.)爲三大水系。薩爾溫江之上流爲雲南之怒江，南流入緬甸，貫撣部山地，注入馬打萬灣之東岸，全體爲縱谷河，山脈逼近河岸，無大支流，河岸平原少，上流多急湍，乏舟楫之利，與人生之利益甚少，但谷地森林與巨巖溪流瀑布相交，風光極佳。

伊洛瓦底江，我國舊稱大金沙江，爲緬甸之大動脈，故謂緬甸爲伊洛瓦底江之賜物，並非過甚之言，其本流發源與我國滇邊之恩梅開江及邁立開江，夾江心坡南流相合，至八莫折向西流，再南流至曼德來附近，又西轉向西南流，會親敦河，曲折南下，構成五千方英里之大三角洲，至仰光附近，分爲若干支流，注馬打萬灣。除河口大三角洲外，中流以下，有廣大之平原，舟楫之利甚大，下流部分自然之風光，頗單調無味，但自勃朗以上，河幅漸狹，丘陵森林，迫近河岸，風景頗多變化。

單獨入海之水，除上二大河外，西塘河（Sittang R.）及地那悉林河，前者在薩爾溫與伊洛瓦底江之間，後者在半島部，源流均不長，亦有航行之便。

海岸　緬甸之阿剌干海岸，屬太平洋式，即露岩多，極形險阻，背後高山連亙，島嶼沿其邊緣，島嶼中以拉姆來（Ramree）千杜巴（Cheduba）爲大，地那悉林亦爲同式，其南有丹老諸島（Mergui Archipelago）。阿剌干與地那悉林間，爲伊洛瓦底與西塘河之弧形三角洲（Circuate delta），在有史初期，爲一三角江（Estuary），後冲積而成陸地，勢平坦，但三角洲口，如仰光等，亦有重要海港。

氣候 緬甸因季候風關係，一年亦分乾濕二季，自十一月至三月為乾季，四月及五月起雷雨，自六月之上旬始有季候風降雨，至十一月之中旬或下旬，雨季連續。緬甸之中心部分有明顯之乾燥帶，雨量甚低，蓋為雨季中低氣壓地域之作用，雨季候風，因山脈及河谷之配列，採南北方向之傾向，又雨量之變化甚大，此值得注意者，阿剌干及地那悉林之大部分，殆達二五〇〇粍，在中央之乾燥部，不過五〇〇至七五〇粍。沿海尤其南部，氣溫之日較差及年較差小，如毛淡棉年較差不過八度，仰光十度，距海岸遠，則較差漸次上昇，曼德來達二十度，緬甸之南部平均氣溫八十度，漸北漸低，最北部之氣溫，一月約六十三度，五月至八十五度，變化頗大。

第三節 人文誌

居民 緬甸人口共一千四百七十萬，平均一方公里有二十四人。住民複雜，有各種語言。土著民為蒙古系，以緬甸人最進步，佔住肥沃之低地，其他多分居丘陵地。外來之移民，以印度人為主，華僑次之。與緬甸人相近者，有阿剌干人，毛淡棉之得楞人（Talaing），土瓦附近之土瓦人，與緬甸人總達一千一百萬，彼等之面廣而平，為蒙古式，眼為扁桃狀，呈中國式，皮膚青白褐色及帶暗咖啡褐色。緬甸人為佛教徒，宗教佔彼等之生活大部分，佛寺佛塔，到處皆是。婦女比男子活動勤勉，所以有女權國之稱。文字為印度巴利文之變形自左向右橫書。谷種丘陵蠻族，普通比緬甸人之文化低，其中尙以阿剌干、猺馬、勃臥猺馬之傑仁人(Karens)爲進步。撣人居撣部高原之大部分及親敦河上流。喀親(Kachins)(卽野人)居西部諸山地。巴隆人(Palaungs)及佤人(Was)居東部中國國境。如佤人等尙有獵頭之蠻俗。緬甸丘陵族大部分爲非佛教徒，以拜物教爲主。最近基督教頗盛行，尤以傑仁人信仰最多。

印度人居三角洲阿剌干及沿河沿鐵路一帶，人數達一百萬，多從事勞働，奉印度教及回教。中國人約二十萬，多居伊洛瓦底江流域，上緬甸多雲南人，下緬甸多閩粵人，從事經營商業者爲主。

歐洲人以英人爲主，不足一萬。永住者極少。

經濟　緬甸住民之住居城市者，不過百分之十五，且大部分爲印度移民。農業集中於冲積地，以米爲主要作物，面積佔耕地三分之二，產額年達七百萬噸，大部分輸出境外。種稻需要勞力，緬甸人一般懶怠，故以居住平原之傑仁人及撣人爲最主要之農夫。雨量四十英寸以下之地，不能灌漑，不能種稻。乾燥地域栽培胡麻、蜀黍、落花生、棉花及豆類等。又乾燥地帶灌漑工程甚發達，灌漑地方達一百五十萬英畝。此外果品、蔬菜、煙草等之栽培，遍於全境。

家畜以牛爲主，三角洲地方則以水牛代之，象亦主要家畜之一，乾燥地帶有多數山羊。山地有虎象等巨獸。漁業發達，鹹魚與米飯爲緬甸人之主要食品。丹老羣島產珍珠。

林業亦爲緬甸人主要產業之一，全國森林面積十四萬七千方英里，以柚木佔首位。木材營業，以緬甸孟買公司爲第一。近年地那悉林樹膠之栽培甚發達。其他漆、樹脂、燃料用之木材甚多，全緬甸樹木之種類，殆達二千餘種。

緬甸之礦產以煤油爲主，伊洛瓦底谷地有著名之緬甸油田。其最有名者爲仁蘭羌(Yenangyaung)新臥(Singw)。視嶺藏量頗多，但未能充分開採。最主要之煤田在親敦河谷及撣部高原地質時代之湖底。後者有油田頁岩。撣部高原之巴德溫（Bawdwin）古代火山岩有多量之銀鉛鑛。地那悉林之諸礦山，在大戰時代，有大量之錫與鎢出產。

撣部高原之古代岩石中有紅玉及綠玉，紅玉以摩谷（Mogok）鑛著名，歷史上有名之緬甸紅玉公司，於一九二六年解散。綠玉以洪康(Hukong)谷地著名。金產於上緬甸諸河，洗金礦業大部分利川農閑期行之。石鹽產於上緬甸等地，而沿海則產海鹽。

工業不發達，新工業則有碾米、鋸木、紡織、麵粉業，以仰光、曼德來等大都市爲主。土人工業有金銀細工、漆工、煙草等。

緬甸之對外貿易，百分之八十六經過仰光。輸出貿易三分之一與印度往來，英本國及殖民地佔三分之一，其他各國不過四分之一。輸入貿易殆爲印度獨佔，祇有五分之一與他國往來。主要輸出品以米爲主，佔全額百分之四十五，此外則爲煤油、木材、棉花、金屬、寶石、樹膠等，輸入品以棉織品、煤、砂糖、機械等爲主。

交通 緬甸河流及山脈均南北走，故重要交通路亦爲縱走線。古代之主要交通路爲伊洛瓦底江及其支流，伊洛瓦底江自仰光上溯至八莫，約九百英里，可行輪船。親敦江三百英里之間有舟楫之便。今日則以鐵路交通爲主，河流不過補助手段而已。最近全部之鐵路有二、〇五七英里。其幹線南北走，自仰光至曼德來，長三八六英里，其主要之支線如下：一、仰光至勃朗，二、仰光至勃生，三、仰光至馬打萬，四、曼德來至密支那，五、曼德來至阿隆，六、曼德來至臘戍等。又最近建築之滇緬鐵路，自臘戍至昆明，即將完成。

公路不發達，全部不過二千英里，自仰光至曼德來無完全之汽車路，而河流及鐵路不通之處，則使用牛車、象或騾等爲主要交通工具。

政治 緬甸爲英屬直轄殖民地，總督駐仰光，其補助機關有行政會議與立法會議。行政議員英國人之外有任命之緬甸人、印度人及華僑。立法議員大部分公選，小部分由官廳任命。地方行政分七縣，下又分三十八郡。撣人部則由撣族酋長管理。親人部亦然，均受英國官吏之監督。但極北邊境及傑仁人所住地方尚爲英人監理權所未達。教育不發達。仰光有大學，曼德來有農科大學。戰後緬甸受印度民族運動之影響，民間有自治運動之趨勢。

第四節 地方誌

緬甸地理區域，可分爲阿剌干海岸、地那悉林海岸、西部丘陵、北部山陵、伊洛平原、三角洲、撣部高原七區。

三角洲　三角洲地方（Deltas Region）在伊洛瓦底江與西塘河之下流，介阿剌干瑤馬與勃臥瑤馬之間，爲緬甸之最主要地方，人口密度最大，米產極豐。其主要城市如下：

仰光（Rangoon），一譯蘭貢，在伊洛瓦底江支流仰光河北岸，距海口三十英里，人口四十萬，華僑一萬二千，爲緬甸首府，我國有領事駐在，爲全緬甸第一都會及第一商埠。市內多佛塔寺院，而以大光塔、皇家湖最稱勝境。

勃臥（Pegu）舊譯白古，在仰光東北，有大臥佛，長一百八十一尺，高四十六尺，極其偉觀。

卑謬（Prome），一譯勃朗，沿伊洛瓦底江，通鐵路，爲十六世紀時名城，出產以漆器、絲綢著名。

勃生（Bassein）在三角洲西端之勃生河岸，有鐵路通勃朗，爲米之大集散場，碾米廠林立。

阿剌干海岸（Arakan Coast）　在緬甸西南部狹長之海岸地帶，地性爲丘陵性或山地性，降雨量甚豐富，山地覆以長綠森林及竹籔，住民稀薄。主要港市集中於亞夾（Akyab）附近，此地除海上交通外，與緬甸其他部分往來困難。地理景觀與印度本部相近。

地那悉林海岸(Tenasserim Coast) 其地形勢與阿剌干相似，爲錫及鎢出產要地。又近年樹膠之栽培甚盛。主要都市有毛淡棉（Moulmein)在薩爾溫河口南岸，北對馬打萬，有鐵路通仰光。此地爲緬甸第三商埠，港口因流砂淤塞，貿易比往日退步。南部之土瓦(Tavoy)爲錫礦中心地。丹老(Mergui)爲採珠之中心地。

西部丘陵(Western Hills) 爲阿剌干瑤馬及其支脈地域，全部爲山地，住民極稀，無重要都市。

北部丘陵(Northern Hills) 在緬甸之北部，包含伊洛瓦江及其支流之源流，及親敦河之水源，居民有喀親人及親人，爲未開發之地域。主要城市有八莫（Bhamo）一稱新街，當伊洛瓦底江航運之終點，陸路貿易與雲南之騰越往來。密支那(Myitkyina)近我國片馬，爲緬甸鐵路最北之終點。

乾燥地帶(Dry Belt) 佔緬甸之中心部分，土地平坦，耕作地甚廣，且有若干灌溉地域，人口稠密，爲緬甸歷史發祥之所，又此地例外有廣大之油田。其主要都市如下：

曼德來（Mandalay），華僑簡稱瓦城，在伊洛瓦底江中流，當輪船鐵路之中心，人口十五萬，爲前緬甸王國首都，王城周約一英里，爲正方形，宮殿爲中國式，以木建成，全市多佛寺，東北有曼德來丘勝地，其東南麓有一大黃金塔，四周有小塔四百五十。附近之阿瓦（Ava）、阿馬拉普拉（Amarapura）皆爲緬甸古都。

眉貓（Maymyo）在瓦城之東北四十二英里，位置在三千四百英尺之山腹，氣候溫涼，冬季降霜，夏季緬甸政廳，移轉於此。

敏建（Myingyan）在瓦城西南，沿伊洛瓦底江，有鐵路支線相通，以棉花之散集地著名。

卜岸（Pagan）舊稱蒲甘，在敏建西南，沿伊洛瓦底江，爲緬甸歷史上名城，最盛時代，有佛塔等一萬三千處云。

撣部高原 與政治區域之撣人部落，大體一致，爲一石灰岩高原，係半獨立之部落，無重要城市。臘戍（Lashio）爲北撣首府，冬格威（Taunggyi）爲南撣首府。邊境之景東（Kengtung）、滾弄（Kunlong）、南坎（Mamkham）爲近我國滇邊要地。

本章參考文獻

Scott: Burma.

French and Stamp: Geography of Burma.

Samull: The Student Geography of Burma.

Cock: An Illustrated Geography of Burma.

南洋地理　下編

市隱緬甸地理教科書。

第四章　英屬馬來半島（British Malay Pen.）

第一節　緒論

名稱位置　英屬馬來半島，占有馬來半島之南部。若合婆羅洲英屬地而言，則稱英屬馬來亞(British Malaya)或英屬馬來西亞(British Malaysia)。英屬馬來半島北連泰國馬來半島，東臨南海，西南瀕馬六甲海峽，與荷屬蘇門答剌相對。面積十三萬六千方公里。

區劃　英屬馬來半島之政治區分頗形複雜，其直轄殖民地三處，名海峽殖民地，保護國共九國，有四國稱馬來聯邦，其餘五國則非聯邦，茲列表如下：

海峽殖民地（The Straits Settements）
- 新加坡(Singapore)(注一)
- 馬六甲(Malacca)
- 檳榔嶼(Penang)(注二)

華僑俗稱「三州府」

馬來聯邦(The Federated Malay States)
- 霹靂(Perak)
- 雪蘭峨(Selangor)
- 森美蘭(negri Sembilan)
- 彭亨(Pahang)

華僑俗稱「四州府」

馬來屬邦(The Non-Federated Malay States)
- 柔佛(Johore)
- 吉打(Kedah)
- 巴里士(Perlis)
- 吉蘭丹(Kelantan)
- 丁加奴(Trengganu)

華僑俗稱「五州府」(注三)

(注一)行政上更包括婆羅洲沿岸之納閩島(Labuan)印度洋中之椰子嶼(Cocos)與聖誕島(Christmas)

(注二)包有半島西岸之威士利(Wellesley)。

(注三)除柔佛外四邦爲一九〇九年泰國割讓予英國者,故又另稱新四州府。

第二節　自然地理

地形　馬來半島自克拉地峽南走,尖端幅員增大,趨向東南。其山脈之走向則南北走,與半島之走向

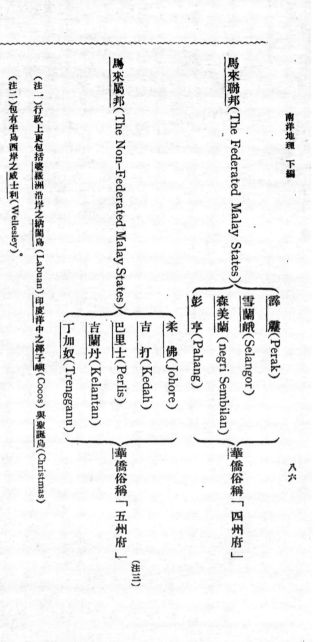

成爲斜交，此爲地體構造自暹羅灣向西運動之故，所謂雁行式排列是也。地質以花剛岩及片麻岩爲主，不十分高峻，二千公尺以上之山峯甚少。

河流貫穿山脈分流向兩岸，其主要者爲東海岸之吉蘭丹河彭亨河，西海岸之霹靂河。東海岸河流之河床多砂，河口每有高砂洲，西海岸之河流爲泥床。沿海岸之濕地，紅樹林及椰子林叢生。

氣候 馬來半島逼近赤道，故爲熱帶性氣候，如新加坡氣溫最低攝氏一七・六六度，最高三八・三度，年平均二六・七度，純然呈熱帶性。又氣溫季節的變化少，即最低月一月平均二五・七度，最高月五月平均二七・五度，七月之平均氣溫二七・二度，可謂長夏之國。又此地爲熱帶多雨帶，終年雨量多，如新加坡一年雨量達二三五六粍，爲世界多雨地之一，降雨之季節變化亦少。

第三節 人文地理

居民 英屬馬來半島大部分開拓物產豐富，故人口頗多，一九三一年之調查有四、三八五、三四六人，即平均每方公里三一・二人，而以海峽殖民地最密，平均一方公里有二一三人。

住民之人種，據一九三一年之統計如下表：

人種	人口
馬來人	一、九六二、〇二一人
中國人	一、七〇九、三九二
印度人	六二四、〇〇六
歐羅巴人	一七、七〇八
歐亞混血人	一六、〇四三
其他	五六、一一三
合計	四、三八五、三四六

因氣候炎熱，不適於白人之居住，故歐洲人不多，但政治及經濟之權力實操於英國人之手。

馬來半島之原住民爲小黑人族之石芒人，今不過二千，身矮色黑，無一定之居住地，亦不從事農業，以採取果實及狩獵爲生。又原住民沙蓋人所屬不明（或謂亦係小黑人族），數達二萬人，生活知識比石芒人爲高，其部落中亦栽培米、甘蔗、香蕉及飼養家畜等。

馬來人自馬來羣島移入，爲現在馬來半島之主要人種，因與他族混血，故亦分爲若干部族，身長約五呎三吋左右，信回教，性質和平，多從事農業及漁業。中國人爲開闢半島之功臣，其分布不但在城市，且遍及鄉村，在海峽殖民地其人口且多於馬來人，握有經濟上之實權。印度人在商業上亦占有相當勢力。日本人約六千八百人近年對經濟上極爲努力，與印度人同爲華僑之勁敵。

經濟 馬來半島山地及丘陵多而平地少，西海岸爲波狀地，便於利用爲農耕地，東海岸之熱帶性原生林廣布。此半島之地質，爲東南亞細亞之核心，山脈南北走，自片麻岩及花崗岩而成，花崗岩與錫鑛依風化而下流至河谷，便於開採。山地中之新地層成小盆地。吉隆坡附近之煤，被開採而用爲鐵路燃料。

農業中之普通農業由土人行之，栽培農業則在歐人及華僑之手。土人於西岸之河谷植稻，供其本身之銷費，因中國人及印度人亦食米，故全銷費量八分之三仰給於印度支那。樹膠之栽培自一八九五年起，認爲商品，至一九一九年產額達二十萬噸，爲主要之輸出品。現在的耕地大約一百二十萬英畝，供給世界橡皮用途三分之一。其產地以西岸之低地及低丘陵地爲主，華僑經營者不少。此外椰子栽培於海岸砂地，非洲原產之油椰子，近年開始栽培，前途希望頗大。

錫與樹膠爲半島二大出產，占輸出全額百分之九十，大部分自西岸之冲積採掘，勞動者以中國人爲主，採取鑛砂，送往檳榔嶼及新加坡精鍊，多輸往美洲。

鐵鑛以柔佛及彭亨、丁加奴爲主，多供給日本之八幡製鐵所，日本所用之鐵，除我國外，以此爲主。

馬來半島之貿易不甚發達，而發達者則爲通過貿易，如新加坡爲一仲繼港，如泰國之米由此輸出中國，爪哇之糖由此輸向日本英國荷蘭，故英國闢爲自由港，其貿易額如下：

輸入　六・五萬萬元

輸出　六・〇萬萬元

合計　一二・五萬萬元

交通　英屬馬來半島因產業進步，故交通亦隨之發達，汽車路大概可通行全部。鐵路共長一千二百三十六哩，最主要之鐵路爲半島縱貫線，分東西二線。西線自新加坡渡海峽經柔佛，沿半島西岸北走，過吉隆坡至檳榔嶼，又北走出境與泰國鐵路連絡。東部線則自森美蘭之占馬士(Gemas)分歧，經彭亨、吉蘭丹，與泰國鐵路連絡。此西線另有支線若干，通西海岸各港。

新加坡爲歐亞交通要衝，有航路通亞、歐、澳三洲，檳榔嶼次之。半島之航路以西海岸爲便，東海岸次之。外國商船以英、日、德、法爲主，華商亦有航路與中國往來。

政治　半島行政性質，分爲殖民地與保護地二類。海峽殖民地爲直轄殖民地，有總督 (Governor)，駐新加坡，而馬六甲及檳榔嶼分駐鎮守使(Resident Councillor)。馬來諸邦各有土人蘇丹 (Sultan)。馬來聯邦合四邦而成，以吉隆坡爲首府，英國駐有巡撫使 (High Commissionor)，各邦則駐有鎮撫使

(Resident)馬來屬邦各邦則駐有英國宣撫使(Adviser)。新四州府爲一九一〇年泰國割讓於英國者。柔佛國初祇有外交權操之英國，一九一四年乃聘英人爲總顧問官云。

第四節　地方誌

海峽殖民地　新加坡(Singapore)源出梵語 Singapara，譯言獅子島，華僑簡呼星洲，一稱石叻，一八一九年英國開闢南洋之偉人來佛士(Raffles)購自柔佛，一八二四年列爲英國屬地。新加坡島在馬來半島的南端，與陸地隔有一公里之海峽。一八一九年初佔領時，祇有居民一百五十人，一八四九年增至五萬九千人，一九一一年增至二十五萬九千人，最近有四十四萬人。此地有中國人、馬來人、印度人、緬甸人、泰國人雜居，而中國人占三十四萬。新加坡市街在新加坡島東南岸，臨馬六甲海峽，港水深闊，可舶巨艦，英人開爲自由港，地當歐亞交通要衝，又爲東南亞洲航政中心，航路往來如織，不但馬來半島，即馬來羣島之物產，亦多集中於此。世界樹膠最大市場，又錫的輸出極多。新加坡軍港，始築於一九二一年，完成於一九三六年，費額二千萬元。軍港在新加坡島與柔佛間之舊海峽(Old Strait)。

檳榔嶼(Penang)一譯庇能，爲馬來半島西岸一小島，自一七八五年來歸英國領有。市街名喬治城(George Town)在島之東岸，普通亦稱爲檳榔嶼，華僑簡稱檳城。此地扼馬六甲海峽的北口，與蘇門答剌貿易往來頗盛，繁盛亞於星洲，人口十九萬，華僑占十二萬。此地風景美麗，有華僑所建之極樂寺等名勝。

馬六甲（Malacca）舊譯滿剌加，在新加坡西北約一九六公里，一五一五年爲葡萄牙人所據，爲歐洲佔領南洋之始。一六四一年爲荷蘭人所奪，一七九五年爲英人占領，一八二四年英荷條約確定爲英有。地理的位置佳良，自來爲商業要地，但港水淺，近代港灣之價値小，自新加坡興隆，乃漸次衰微，人口三萬八千。有葡、荷時代城堡古蹟，稱馬來半島之古城。

馬來聯邦　太平（Taiping）在檳榔的東南，係霹靂舊首府，人口二萬一千。

怡保(Ipoh)在霹靂州南部的平原，爲霹靂新首府，人口三萬七千，商業繁盛，附近產錫。其東南之金馬隆高地(Camerons Highland)爲避暑勝境。

吉隆坡(Kuala Lumpur)在馬六甲與檳榔之中程，人口十一萬，華僑六七萬。四十餘年前新建設之都市，爲馬來聯邦及雪蘭峨首府，附近樹膠之栽培及採錫業甚盛。

巴生(Klang)一譯巴雙，在吉隆坡西南，爲本邦第二大都市，其港口曰瑞天威(Port Swettenham)，水深可泊巨艦，聯邦貨物之出入，不由新加坡者，多由此輸往內地各埠。

芙蓉（Seremban）爲森美蘭（一稱芙蓉九州）首府，爲山間之都市，樹膠栽培之中心。波德申(Part Dickson)距芙蓉廿四英里，爲本邦唯一海口。

爪拉立卑(Kuala Lipis)沿馬來東縱斷線，爲彭亨政府所在。北根(Peken)在彭亨河口，爲彭亨土會所居。

馬來屬邦 柔佛新山(Johore Bharu)在馬來半島之南端，隔海峽與新加坡島之活蘭(Woodland)相對，有長堤鐵路相連，此地為柔佛首府。

爪拉丁加奴在東海岸，為丁加奴首府。

哥打巴汝(Kota Bharu)在東海岸近泰國界，為吉蘭丹首府。

亞羅士打(Alorstar)在西海岸，為吉打首府。

庚嘉(Kangar)在英屬馬來最北，為巴里士首府。

本章參考文獻

Richardson: Regional Geography of Malaya.

Cherry: Geography of British Malaya.

German: Handbook to British Malaya.

Winstedt: Malaya.

Sidney: In British Malaya to-day.

Wheeler: Modern Malay.

：

顯因明馬來半島地圖。

第五章　荷屬東印度

第一節　總論

荷屬東印度(Dutch East Indies)一稱荷蘭印度(Netherland Indies)或稱印度尼西亞(Indonesia)。位置自北緯六度至南緯十一度，自東經九十五度至一百四十一度。馬來羣島除菲律賓(美屬)婆羅洲之西北部(英屬)與帝汶島之東北部(葡屬)，均屬之更加入紐幾尼亞之西部。

荷屬東印度羣島，一般分爲四羣，茲列表如下：

一、大森達羣島——蘇門答剌、爪哇、馬都拉、婆羅洲、西里伯及其屬島。

二、小森達羣島——巴里、龍目、松巴哇、佛羅里斯、松巴、帝汶諸島。

三、香料羣島——哈媽希拉(濟羅羅)、蘇剌、布魯、西蘭、安汶諸島。

四、紐幾尼亞島——紐幾尼亞(巴布亞之西半)及其附近諸島。

荷印總面積一、九〇四、三四五方公里，實大於荷蘭本土五十八倍，其行政上分內屬外屬二部，爪哇及馬都拉爲內部，爲荷印之本部，產業開發，交通便利，實爲荷印之中心。其他各島的外部，尚未完全開發。其行政區劃列表如下：

區劃名	面積(方公里)	島名
西爪哇	一三二、一七四、一	爪哇島 馬都拉島
中爪哇		
日惹		
梭羅		
東爪哇		
南榜	四五六、八三一、二	蘇門答剌島
巴粦旁		
占碑		
蘇門答剌東海岸		
孟古粦		
蘇門答剌西海岸		
打巴奴利		
亞齊		
寥內		
邦加	一六、七七四、七	邦加島 勿里洞島

西婆羅洲 東南婆羅洲	五三九、四六〇、〇	婆羅洲
西里伯 萬鴉老	一八九、〇三四、九	西里伯島
摩鹿加	四九六、四五六、三	摩鹿加羣島紐幾尼亞西部
帝汶	六三、三二四、三	帝汶佛羅理士松巴及其他小島
巴里＝龍目	一〇、二九〇、二	峇釐島龍目島
合計	一、九〇四、三四五、七	

荷印人口，據一九三〇年調查有六〇、七三一、〇二七人，其總人口中四一、七一八、三六四人，即百分之六八・六集中於內部（爪哇及馬都拉）。全人口之平均每方公里三一・八人。茲將各島之密度比較如下。

爪哇及馬都拉	三一五・六
蘇門答剌	一七・四
婆羅洲	四・〇
西里伯	二二・三
荷印合計	三一・八

荷印居民之區別據一九三〇年調查其人口數如下：

歐洲人*	二四〇、四一七
土人	五九、一三八、〇六七
中國人	一、二三三、二一四
其他東洋人	一一五、五三五
合計	六〇、七二七、二三三

*歐洲人合有日本人在內。

第二節 蘇門答剌(Sumatra)

總論 蘇門答剌原出梵文之 Sumuda, Dvipa Sumuda 大洋之意，Dvipa 島之意也。為森達列島中第二大島世界第五大島。島形自西北向南延長，隔馬六甲海峽與馬來半島相對。赤道橫過中部，長約一千五百公里，最闊處三百五十公里，面積四十三萬四千方公里。

蘇省行政區域分為十州，茲列表如下：

州名	面積	人口
西岸州(Sumatra's West Coast)	四九、七七八	一、九一〇、二九八

東岸州(Sumatra's East Coast)	九四、五八三	一、六九三、二〇〇
打巴奴利(Tapanoeli)	三九、〇七七	一、〇四二、五八三
孟古犇(Bengkolen)	二六、二九四	三二三、一二三
南榜(Lampang)	二八、七八四	三六一、五六三
巴犇旁(Palembang)	八六、三五六	一、〇九八、七二五
占碑(Djambi)	四四、九二四	二四五、二七二
亞齊(Atjeh)	五五、三九二	一、〇〇三、〇七二
廖內(Riouw)	三一、六八八	二九八、二二五
邦加(Banka)	一六、七七五	二八七、七九二

地文誌 蘇島之基盤爲片岩或片麻岩，其走向與島之走向一致。其上有第三紀褶曲層及同時代以後噴出之火山岩掩覆。火山之噴出，被斷層支配，顯著之斷層線，沿西海岸。褶曲山地之高度，達三千公尺以上，表示顯著之高山式山地之北麓爲寬廣之山地，而向馬六甲及爪哇淺海，漸次消失。又南方更有一地背斜並走，於海面上現爲民大威羣島（Mentawei）列島。此列島與蘇門答剌間之海，形成一千六百公尺之深海。更自民大威之南海，急斜達五千公尺之海底，其起伏之大可知。而北部之爪哇海，最深不過五十公尺。故說者以爪哇淺海爲準平原，邦加勿里洞之島山，則等於殘丘（Monadnock）而已。蘇島之脊梁山脈南

段有巴里沙（Barisan）山脈之稱，其最高峯基里齊（Kerintji）火山高三千八百公尺，聳立於脊梁山脈之上。蘇島之火山不下六十餘，高達三千公尺左右者不少其噴火者凡十九處，自一千六百年以後噴火者凡九處，如美拉比（Merapi）（一九二七年噴火）、唐地克(Tandikat)（一九一七——二四年噴火）、丹坡（Dempo）（一九〇八年噴火），其最著者。

分水嶺偏在西岸，故平原及大河流均在東面其最長者如占碑河，巴蒜旁河，均在東南部，其下流在平原上作蛇行(Meander)，河口構成三角洲（Delta），有航運之利。

內部有火山湖，而以北部之吐巴湖(Toba Lake)（華僑稱淡水湖）最著名，湖盆長百公里，闊三十一公里，四週有多數火山環抱，湖中一半島突出，亦有多數火山崛起風景優美。

地跨赤道，故平地氣候無大差異，但高地氣候比較溫和，如西岸州內地之武吉丁宜(Fort de Kock)高原，氣候佳良，適於健康。

人文誌　蘇門答刺之人口，據一九三〇年訓查，列表如下：

歐洲人	二八、四九六人
土人	七、七四五、二二七人
中國人	四四八、五五二人

其他東洋人	三二、五六八人
合計	八、二五四、八一六人

土人屬馬來系統，其主要種族如下：

西齊族(Atjeks)　居亞齊一帶

加由及阿拉斯族(Gayn. Alas)　居亞齊內地

馬達族(Battaks)　居吐巴湖附近

淜南加保人(Menangkabo)　居武吉丁宜一帶

南蘇門答剌人　居東部南部平原

亞齊族自古以來與他族混血，純種少。其居住山地與平地者習俗各異，前者比較開化，後者相當的野蠻，此族最爲強悍，屢與荷蘭人相抵抗，至今尙未能完全征服。加由及阿拉斯人直至今世紀前尙未爲世人所知，惟性質比較溫順，以種米爲生活。馬達族又分爲數亞種，以牧馬及種稻爲生，至今尙有食人之俗。淜南加保人爲蘇門答剌土人中之最開化者，以善於金屬細工著稱。南蘇門答剌人又分爲孟古粦人、巴粦旁人、南榜人等，性質懶惰，不事生產。以後兩族及亞齊族信回教，其他三族則爲原馬來人，信拜物敎。

此外內地脊梁山脈中之庫布人(Kubu)或謂係小黑人族，尼亞士人(Nias)爲馬來族前之原住民。

民大威士人或謂係玻里維亞族云。

蘇島內部山地多森林，尤以北部多松，此類木材直蕃植至一千公尺左右，附近諸島建築用材多取給於此。又近年栽培業甚盛，森林地亦漸化爲農田，胡椒、安息香爲固有之作物，今則栽培樹膠、咖啡、茶、煙草、椰子、稻、玉蜀黍、茨等，又果品之類甚多。胡椒以南榜栽植最多，煙草則以棉蘭著名，同爲重要之輸出品。

鑛產頗豐富，金產於占碑附近及北巴蕣旁。巴東高原有藏量豐富之煤田，又巴蕣旁之煤油，在蘇島經濟占重要之位置。邦加及勿里洞島則爲產錫區域。

蘇島道路開闢，在荷印各島除爪哇外，稱最便利者。鐵路主要者有三線，北部自亞齊經棉蘭至亞沙漢(Asakan)，南部自巨港至直落勿洞(Telok Betong)，西部自巴東至沙哇倫多(Sawan Loenton)礦山。

地方誌　巴東(Padang)爲西岸州首府，人口五萬二千，有華僑七千。外港名愛姆港(Emma Haven)，距市七公里，水深，爲避風良港。巴東背面之武直丁宜高原，氣候溫和，爲休養佳地。

實武牙(Sibolga)爲西海岸亞於巴東之良港，風景甚佳，爲打巴奴利之中心城市。

棉蘭(Modan)爲東海岸州日里(Deli)之首府，煙草產地之中心，人口七萬六千，華僑二萬七千，駐有中國領事。外港名勿拉灣(Belawan)，距市二十公里，與檳榔嶼航路一夜可達。市南之巴拉斯打直(Berastagi）與吐巴湖旁之巴拉特（Prapat）為避暑地。

孟古粦（Benkoelen）在西海岸南部，為孟古粦州首府，昔日英國東印度公司之南洋根據地，當時名摩苦摩苦（Mukomuko）。

直落勿洞（Teloek Betvng）在本島南端，為南榜州首府，有鐵路通巨港。

巴粦旁（Palembang）我國名舊港，閩語訛作巨港。為巴粦旁首府在巴粦旁河中流，人口十萬八千，華僑一萬五千，為煤油地帶之中心。

哥打拉夜（Koeta Padja）一稱大亞齊，在本島北端，為亞齊首府。其北威島（Polu Way）之沙漫港（Sabang），為荷印唯一自由港。

占碑在巴粦旁北，本為寥內龍牙（Rhio Lingga）土酋領地，與巴粦旁同為煤油產地，首府占碑，人口二萬三千。

勿里洞與邦加同為錫產地，勿里洞首府丹戎板蘭（Tandjong Padan），邦加首府檳港（Bangkal Pinang）。

第三節 爪哇（Java）

總論 爪哇島源出梵文Javadvipa，為「穀類島」之意。我國史書譯作闍婆。為大森達列島中之大島大概中央通過東經一百十度子午線，介南緯六度與八度半之間，略與赤道平行。爪哇及其附屬之馬都拉島稱荷印本部，面積共十三萬二千方公里。地方行政本分十七州，今併爲東中西三州，另有二自治州，茲列表如下：

區劃名	面積	人口
西爪哇	四六、八七六、七	一一、三九七、一四六
中爪哇	二八、一六七、三	一一、一四一、六二九
日惹	三、一六八、八	一、五五九、〇二七
梭羅	六、〇三九、〇	二、五六四、八四八
東爪哇	四七、九二二、三	一五、〇五五、七一四
合計	一三二、一七四、一	四一、七一八、三六四

地文誌 爪哇第三紀層之褶曲層上有一百座之活火山噴出，其中且有三千公尺以上之高峯。島之中央有縱走之火山岩，爲此島地形之特點。此事實證明近代有激烈之地殼運動，在鮮新世大褶曲之後，於第四紀被侵蝕而成準平原(Peneplain)，復隆起時火山活動發生，而構成盆地、平地、火山峽谷。吧城東南之萬隆盆地爲七百公尺以上之山間盆地，爲產米地帶。爪哇與蘇島間之森達鍋狀陷沒地向南開展，中有克拉卡德(Krakatau)於一八八三年（注一）及一九二七年噴火，著稱於世界。

爪哇本島之火山，其近年有噴火之紀錄者，凡二十八座；對於人生之損害頗鉅。試舉其著者，如西部八班打顏（Pepandajan）火山於一七七二年大爆發，有村落四十，均被埋沒。一九二三年又時時活動。日惹以北之美拉比（Merapi）火山，於一八八一年以來，活動甚烈，於舊噴火口內噴出火口丘。東部本島最高之火山塞米魯(Semerol)火山（三六七七公尺），於一八八五年活動，其西有葛魯德(Kelut)火山（一七三一公尺），於一九一九年爆發時，破火口湖壁，成一大溶流，人民死亡者達五千五百人。又塞米魯山北之帝葛爾(Denger)火山以直徑八公里之大噴火口著名，火口原有沙漠（Dasar）之稱，其特徵，火口內又有火口丘噴出，其中之婆羅摩(Bromo)高二九八〇公尺。加隆干(Galungung)在井里汶灣之南，於一八八二年爆發兩次，鳴聲震動全島，大地震隨之而起，山頂被破壞，十八公里半徑以內之生物無一留者，犀虎鹿以及人類之屍骸，由丹基河流入海洋。

爪哇之分水嶺，偏在南部，故河流皆北流入爪哇海，無甚鉅大者。沿北岸有狹長之海岸平野。山地內之火山平原，爲火山土所掩覆，爲重要產業地。

爪哇之氣溫變化甚簡單，全年太陽光直射，晝夜之長短，殆全年無變化，氣溫之年較差不過一二度。如吧城最暖月五月與十月約二六・六度左右，最冷月一月與二月約二五・五度左右。自十一月至三月受西季候風爲雨季，四月至十月受東季候風爲乾季。每日多雷雨。高原地方氣候比海岸佳良。

(注一)克拉卡德火山於一八八三年五月二十日大爆發，北部之地盤被破壞，全島三分之二沉沒海底成爲深海，島民犧牲者三萬六千人，全世界日光爲之變色，稱爲世界近世最大之噴火云。

人文誌　全島人口四千一百萬，平均每方公里三百十六人弱，爲南洋人口最密之地域。在世界農業地亦無與類比者。世界各國人口多集中於都會，而爪哇人口十分之九營農村生活，此爲其特點。爪哇人口之種別，列表如下：

土人	四、八九一、〇九三
華僑	五八二、四三一
歐洲人	一九二、五七一
其他東方人	五二一、二六九

華僑以行商爲多，其他大地主及工場主、銀行家不少。東方人中以阿剌伯人爲多，多爲小商賈。歐洲人以荷蘭人爲多，均爲官吏及商人。

土人在南洋馬來族中爲文化最高者。大別之爲三族，中部及東部爲爪哇人，西部爲森達人，馬都拉島爲馬都拉人，信回教，性質和平，服從，多從事勞働。

爪哇爲荷印之本部，荷人以全力經營之。

爪哇島之南部爲第三紀層中央高地，以火山岩構成，河流侵蝕山地而成北部一帶廣大之低地，是爲生產地帶。又七月之雨量東部在二吋以下，故北部及東部爲甘蔗栽培地帶。西部則反是，雨量一月在十二吋以上，七月在四吋以上，故成爲米與樹膠生產地帶。又中央部多丘陵，故成爲茶、咖啡、規那之栽培地帶。

甘蔗之原產地在恆河流域，熱帶及亞熱帶爲其栽培區域。其地理條件需無霜期在八個月以上，年平均溫度在二十三度以上，雨量在成長期每年至少在一五〇〇米粍以上。土壤以含有淡氣富於腐植物質之壚姆爲宜。爪哇多火山噴出物之崩壞冲積土，故最合條件。而人口多，苦力富，經荷蘭政府之指導，年產額達六百萬噸，亞於古巴（五百萬噸）、印度（二百五十萬噸），稱世界之第三位。米與樹膠產於西部。咖啡之地理條件，一、排水便利，二、避急傾斜地，三、氣候溫暖，四、收穫期因豫防蟲害之故，需冷爽之氣溫。五、避霜，六、肥沃之火山土最宜。爪哇之咖啡園，因適應此條件，選擇五百公尺至一千二百公尺之緩斜山地，雨季始開花，而於六七月之涼爽季結實，乃最適宜。咖啡在世界之總產額一百萬噸，其中巴西占百分之五十四，美洲其他各地占百分之二十，非洲占百分之二十，爪哇之比例甚小云。規那占世界總額百分之七十，以一千二百公尺至二千公尺之山地爲主。茶產於中部西部，因高度之限制，其栽培地自一百五十公尺至四百公尺爲止。又中部東部產柚木，但產額不多，僅供本國之用。爪哇之鑛物，在東印度諸島中爲最缺乏者，金銀實際幷無出產，煤層甚薄，祇有煤油比較重要，其油田在東北部第三紀層中。

鐵路延長四五八一公里，在南洋爲最密之區，主線沿北岸自西至東，支線四達，成一鐵路網，道路四達，可行汽車，定期航空自吧城通三寶壠、棉蘭、新加坡。

地方誌 爪哇因地形關係，重要都市多偏在北岸，茲依其行政區域述之。

一、西爪哇 巴達維亞(Batavia)一譯八打威，華僑簡稱吧城，人口四十三萬，中有華僑七萬人，爲爪哇及荷印之首府，幷爲大商業中心，爲一六一九年所建設，市街分舊吧城與威特夫勒登(Welteverden)二部，後者爲行政區及住宅區，荷印官署多在此，前者爲商業區，我國領事署在此。外港名丹戎庇落(Pamgjoeng Priok)，一稱吧城新港，在吧城東北八公里，有運河相通。

茂物(Bogar, Buitenzorg)在吧城南六公里，高出海面二百六十五公尺，爲優美之康健地，人口約六萬五千，以歐洲人爲多。有大植物園，稱世界最大之科學的實用植物園。

萬隆(Bandoeng)在吧城南約一百六十公里，爲拔海七百公尺之山間都市，人口十六萬，華僑一萬六千。此地氣候溫和，爲康健地，又爲重要栽培地域之中心。新式街道四達，有爲將來中央政府地之議。

二、中爪哇　三寶壠(Semarang)，華僑簡稱壟川，在中爪哇北岸，為爪哇三大市之一，人口二十七萬，華僑二萬七千。華僑居此者早在三百年前，握商業上之威權。近郊有三保洞，相傳為鄭和遺跡。

三、西爪哇　蘇拉巴耶(Soerabaga)華僑簡稱泗水。為爪哇第一商港，在北岸之東部，對馬都拉島，人口三十四萬，華僑三萬八千。輸出品以砂糖為主，貿易額占全島三分之一。有中國領事館。

巴蘇魯安(Pasolroean)在泗水南五十九公里，本為爪哇四大市之一，自鐵路開通後，商業漸衰，人口四萬，輸出品以砂糖咖啡為主。

四、二自治州　日惹(Djokjakarta)人口十三萬，華僑九千。在中央部之南部，為中部之大市場，有蘇丹王城，土王居此。其北四公里有佛壜(Baroboedoer)與安谷爾為南洋二大佛教遺跡，建於一八九世紀爪哇佛教全盛時代，後為火山噴出物所埋沒，十九世紀初，據歷史記載掘出之，全部凡九層，所刻佛像極為精美偉大。

梭羅(Soerakarta)為二自治州之一，亦有土王居此，人口六萬，華僑一萬一千，出產以紗籠著名。

第四節　婆羅洲(Borneo)

總論　婆羅洲，一譯般島，一譯慕娘。位置正當赤道，南北約闊千公里，東西長約一千三百三十五公里，面積七十五萬方公里，稱世界第三大島。內部實情未明，故世人有處女島之稱。北部屬英，南部屬荷，其面積人口如下表：

區域	面積（方公里）	人口
西婆羅洲	一四七、七六〇	八〇二、四四七
東南婆羅洲	三九二、七〇〇	一、三六六、二一四
合計	五三九、四六〇	二、一六八、六六一

地文誌　婆羅洲之地質構造，可以雁行構造說明之。自菲律賓分歧，有四弧形山脈，其中之巴拉溫弧成古岩石連續之列島。其次蘇祿弧自最近堆積物與玄武岩而略成小列島。第三沙吉弧為不連續之火山島、士老弧則為斷片的。卽東部外側之弧，其連續不甚明瞭。此等弧分歧之南端為婆羅洲、西里伯、摩鹿加，其中以西部之婆羅洲為大，順次為小島。

各弧之山系相會於婆羅洲之中部，高度達三千公尺。主軸為伊蘭山脈（Iran geb.）及卡浦斯山脈（Kapoeas Geb.），西部為古生層之褶曲，東部為片麻岩之古地塊而成，成一大彎曲而達西端之大督岬（Cape Datu），此角有片麻岩之懸岩。卡浦斯之北側為堆積平原之大低地，沿岸之納閩島（Labuan）埋藏有第三紀之石炭岩。

卡浦斯山脈南側之古地塊，為顯著之斷裂區域，多斷層盆地及地壘。卡浦斯河在此破碎帶中西流入海。南流之大水爲巴里多河(Barito)，其下流谷地爲婆羅洲最大之陷沒地域東部之高底地方(Koetai)地方最近受隆起之準平原面有高底河，自開折台地上東流。北婆羅多急峻切開之山地與島嶼沿海峽灣發達，近西岸之支那巴魯峯(Kinabalu)高四一七五公尺，稱本島第一高峯。

婆羅洲與蘇門答剌正當赤道，因季候風之關係，分乾溼二季，四月與十月季候風之轉變期中，陰雨連續溼氣甚大，令人不適。因正當赤道以下，普通人以爲不康健之氣候，酷暑難堪，實則因雨量多而自海面微風吹拂，炎熱爲之緩和。但沿岸之沼澤地氣候不良，瘧疾及腳氣病之流行，在所不免。

人文誌 本島人口二百十萬，平均每方公里不過四人，爲南洋羣島中人口最疏者。其原住民可分爲二羣，一爲狹頭型之達雅人(Dayaks)，一爲廣頭型之加顏人(Kayan)、布蘭人(Punem)。達雅人華僑呼爲勞仔，屬原馬來種，以其居住地之不同，而有海達雅人與陸達雅人之別。分若干部族，性質慓悍，身較小，面與鼻廣而耳長。有獵首之俗，持大家族主義，多數人居住一屋中。加顏等三種，其所屬不明，就其身裁言，之屬馬來種。又有吉尼亞人（Kenyah）、武吃人（Bugis）。西婆羅海岸之馬來人，其頭型爲廣頭，身小而髮硬，面與鼻較原馬來人爲狹，眼爲標式的蒙古型，由海岸而移住內地。

移住民有中國人，阿剌伯人，荷蘭人等，以中國人移住最早，在七世紀時已至西部北部。最近在西婆羅從事農業及鑛業者不少，其餘在各處經營商販，人數共有十三萬四千人。

荷屬婆羅洲無鐵路，近來努力建築道路，全長達一千四百餘英里，東南部與西岸有幹線道路。卡浦斯河及巴里多河有航運之利。海上交通以坤甸、馬辰爲中心；與新加坡及爪哇往來頗繁。

婆羅洲面積廣大，內部成爲高原，海岸椰子繁植，經土人及華僑之手製爲椰乾，輸往歐美各國。樹膠漸自海岸向內地採取，爪哇之樹膠爲栽培樹膠，而婆羅洲則以自然樹膠爲主，全產額占荷屬三分之一。此外胡椒多操之歐洲人及中國人之手。煙草則產於西北部，棉花在東南部，咖啡多產於高底地方，東南隅之米拉都（Meratus）山地栽培可可。米與甘蔗之栽培不甚發達。內部森林在河畔者，均被利用，東南婆羅洲以鐵木著，此外產柚木、樟樹等。

鑛產以煤、煤油、鐵爲主，東南海岸第三紀層中有油田，產量占荷印之半數，稍向內部則有金與金剛石。鐵產於東南婆羅洲，其藏量有一萬萬噸。

地方行政分直轄部與土民之自治州，東部西部之自治州，酋長之勢力頗大。

地方誌 坤甸(Pontianak)，西婆羅洲之首府，在卡浦斯河三角洲上，距海口十九公里，四五百噸之小輪船可以出入。人口五萬二千，中國人一萬五千。此地相傳為華僑羅芳伯所開闢。市街地低濕，輸出品以椰乾、樹膠、林產物為大宗。

馬辰 (Bandjamasin)，一譯馬神，東南婆羅洲之首府，人口六萬五千，華僑五千，為婆羅洲第一都市，在巴里多河口，距海口三十公里，航路與泗水往來最繁，土人多居住木筏及小舟之上，或架屋水上。

馬爾他武拉 (Martapoera)，在馬辰之東，有汽車路相通，附近為金剛石產地。又東南沿海有老津島(Poeloe Laoet)以產煤著名，島北岸哥達峇魯 (Kota Baroe) 港與東北之峇厘杷板 (Palikpapan)，為煤油產地之中心。

三馬林達 (Samarinta) 在高底河下流，距河口三十四公里，輸出口以煤油、籐、樹膠、木材為大宗。市街有土人街與唐人街，著名之建築物為酋長之宮殿。

第五節 西里伯島(Celebes)

總論 西里伯島在婆羅洲東，中隔望加錫海峽，面積十八萬九千方公里，人口大約四百二十萬，比爪哇面積大五萬六千方公里，人口祗有十分之一。面積得婆羅洲三分之一，而人口約得其二倍。行政區域分為二州，南部名西里伯，北部名萬鴉荖，其面積人口，列表如下：

	面積（方公里）	人口
西里伯	一〇〇、四五六、八	三、〇九三、二五一
萬鴉老	八八、五七八、一	一、一三八、六五五

地文誌　西里伯所謂K字形島，其地體構造可以雁行構造說明之。自紐幾尼亞弧之烏比(Obi)蘇拉(Soela)延長之山系，與西里伯東之邦加亞(Bangaya)半島相接續，有二六〇〇公尺之高度。又西里伯之東南萊威(Lawiui)半島，向東南延長，有同走向之山脈與東經一百二十度南走之普尼半島間，有普尼灣(Golf van Boni)為顯明之地溝。此地溝北延與玻梭湖(Meer van Poso)相連續，又北與哥倫打落(Gorontalo)陷沒地相連。北部有沙吉弧延長之米拉哈沙半島，地形狹長。

西里伯島之山脈向各方向延長，加以火山噴發，故構造極複雜，多數山地成集合形態。島上覆以第三紀層至漸新世，受顯著之褶曲隆起，於以前之準平原面在島之中央，有二千公尺之高度。因剝削甚速，故南部不見隆起之珊瑚礁，北部米拉哈沙半島九百公尺之高地有隆起珊瑚礁。

火山屬沙吉火山帶，自沙吉島至北部之米拉哈沙，有多數火山。此火山帶之南端有一南北二十七公里之大陷沒Caldera，其一部分湛爲多打奴湖(Tondono)，其西南邊有梭普丹(Sopoetan)火山，於一九一五年之新火口有熔岩流出。沙吉羣島中之火山於前世紀常有噴火之事，其中沙莪島(Siao)之亞比(Api)火山於一九二二年破裂云。

氣候 終年無大差，北部與東南部雨季與乾季甚明瞭，其他大部分終年多雨。北部受冬季之東北季候風，雨量甚豐，年達四千公厘以上。

人文誌 西里伯島北部有米拉哈沙人(Minahassers)，中部高原有多那加耶人(Toradjas)，南部有望加錫人與武乞人，東南部有阿富爾人(Alfaers)。多那加耶人與阿富爾人爲本島之先住民族，有原始風俗，無宗敎。武乞人與望加錫人本同爲一種，但語言相異，而以武乞人比望加錫人優秀，往昔曾爲盜海上，稱雄於馬來羣島，現亦有從事商業者。米拉哈沙人受歐化頗深，多信基督敎，有在荷政府充下級官吏者。

西里伯島主要物產，北部有椰子，山腹產咖啡，山地產藤，此外米、香料、煙草等，自望加錫及萬鴉老輸出。道路以南部爲發達，自望加錫至他克拉(Takalar)有商營輕便鐵路，長七十四公里，因爲汽車所壓倒，於一九三〇年廢棄。

地方誌　望加錫（Makassar），華僑簡稱錫江。在普尼半島西南岸，臨望加錫海峽，人口八萬四千，華僑一萬五千，有中國領事駐在。爲本島主要都市，西里伯州之首府，輸出品以香料、天堂鳥、貝甲、蠟、木材、椰子爲大宗。碼頭於一九一二年完成，有防波堤，爲荷印東部交通商業之中心。

萬鴉老（Manado）一譯美拿多，在米拉哈沙半島西北岸，背依克拉巴火山，面臨西里伯海，風景佳麗，人口二萬七千，華僑五千，爲本島第二都市及萬鴉老州首府。

第六節　小森達羣島

總論　小森達羣島乃對大森達而言，乃自東經一百十四度至一百二十九度，南緯七度至十一度間，諸島嶼之總名。其主要島嶼，自西向東數之，有峇厘（Bali）、龍目（Lombok）、松巴哇（Soembawa）、松巴（Soemba）、佛羅理士（Flores）、帝汶（Timor）六大島，及附屬之哥摩多（Komodo）、蘇律（Solor）、阿律（Alor）、羅地（Roti）、威打（Wetar）及東南列島（Zuidwester Elanden），組合而成。面積共七萬八千方公里，人口二百七十一萬人。其行政區分峇厘及龍目島爲一州，自松巴哇以東則屬於帝汶州。但帝汶島自東經一百二十五度以東，則屬於葡萄牙，稱爲葡屬帝汶島。

地文誌　小森達羣島之地形，自爪哇向東延長，經峇厘、龍目、松巴哇至佛理羅士爲一列，其南方之松巴、帝汶別爲一島列。此等島嶼，古生代及中生代地層之上，有白堊紀及第三紀之噴出岩發現。峇厘島與爪哇島隔一峇厘海峽，爲噴出之火山，其後陷落山頂有 Caldera，Caldera 壁之一部東部有三千二百公尺之高度即阿古火山（Agoeng）普通稱峇厘火山。龍目與峇厘同爲火山島，Caldera 之北面有三千八百公尺之高度名林加耶尼山(Rindjani)，稱馬來羣島第二高峯。松巴哇島之地質自第三紀層與珊瑚岩、火山岩而成，隆起礁現於六百公尺之高處，一方面沈沒而成 Rias 式海岸。此島北岸之丹波拉(Tambora)火山於一百三十餘年前噴火，相傳傷亡者凡十萬餘人云。

佛羅理士島與松巴哇島相似。阿律島之隆起珊瑚段丘，凡分四段，最高達七百公尺。帝汶島之東北部高二千五百公尺，西南部低至一千公尺，隆起礁，於一千三百公尺之高處可以見之，此爲第四紀隆起時代所生成者。又隆起礁東西兩岸有之，而南北無之，斷層南北有之而東西無之，此證明帝汶島乃一地壘是也。

小森達之地體構造，與摩鹿加羣島南部之萬蘭諸島相連，即所謂萬蘭弧是也。此弧包括二島列，一自爪哇、松巴哇、佛羅斯士、經威打、尼拉(Nila)、萬蘭、阿比之火山列島。其他一列在外側爲帝汶、帝汶拉律（Timor Laoet）、西蘭、布魯之大島列弧。兩列之間最深達六千五百公尺，彎曲狹長之海溝。內側弧則包圍楕圓形之萬蘭海盆爲陷沒之五千公尺以上之深海。同時可見帝汶、西蘭弧爲萬蘭內側弧之地壘云。此等顯著彎曲凹面展張之弧，其機構自來以爲自內側向外側運動，最近之新學說則以威格爾之「大陸漂杉說」說明之。

人文誌　小森達羣島之居民爲馬來族，峇厘、龍目島之居民名峇厘人，東印度羣島本信印度教，繼而佛教回教先後侵入，最後全島終成回教之世界，惟峇厘人至今仍信印度教及佛教，爲荷印之唯一佛教地。帝汶島之土人多信基督教。

小森達之物產有香料、米、椰子、咖啡等農產品。松巴哇爲熱帶馬之原產地。松巴島亦稱檀香島，以產檀香木著名。松巴島又產水牛與松巴哇之馬齊名。又自龍目島以東在瓦來斯線外側，生物屬澳洲系。多奇獸怪蟲，如哥摩德島之丈餘大蜥蜴，佛羅理士之二丈長之錦蛇，均稱珍物云。

地方誌　新加拉濟(Singaradja)在峇厘島北岸，爲峇厘龍目州首府。峇厘陵（Baeleleng）在峇厘島西，臨峇厘海峽，爲小森達主要商港。馬打拉姆（Mataram）爲龍目島主邑，外港曰安班瀾(Ampenan)，華僑簡稱瀾江。沽邦(Koepang)在帝汶島西南岸，爲荷屬帝汶州首府，本爲葡萄牙地，市街狹窄，令旅行者有觀光澳門之感。

附葡屬帝汶島

帝汶島，譯言東島，為小森達東南之大島，此島西部屬荷蘭，東部東經一百二十五度以東屬葡萄牙。又西北岸一小部及甘邦（Kambing）小島亦歸葡領，面積共一萬七千方公里人口三十七萬八千。產煤油、金等，歸英人開採。土人不堪政府之苛待，多逃往荷屬地。經濟實權操之華僑之手。首府叻利（Dilli）在北海岸。

第七節 摩鹿加羣島(Molucca Islands)

總論 摩鹿加羣島以產香料著名，故一稱香料羣島，介西里伯與紐幾尼島之間，自北緯三度至南緯八度，及東經一百二十四度與一百三十五度之間。含有哈媽希拉島(Halmahera)(一名濟羅羅 Gilolo)、西蘭(Ceram)、亞盧(Aroe)、布魯(Boeroe)、摩羅泰伊(Morotai)、峇漳(Batjan)、俄比(Obi)、蘇拉(Soela)諸島，面積共七萬八千方公里人口四十二萬七千。行政上之摩鹿加州，含有紐幾尼之西部。

地文誌 摩鹿加羣島之地形，可分為二部述之。南部之布魯、西蘭島與怯憶、帝汶拉律，同為萬蘭弧之一部。此弧北之西蘭海溝，適與威伯爾線一致。

摩鹿加北部諸島以濟羅羅島為主島，其地形之特質，為K字島與西里伯比較，實具體而微。其構造亦可以雁行構造說明之。濟羅羅與其北之棉蘭荖島中隔一深海溝，若謂菲律賓分歧之一支達此島，不如謂與馬利亞納島之雁行相連接。又紐幾尼亞弧之二派，一達濟羅羅島，一經俄比、蘇拉與西里伯島相連云。

火山脈經過濟羅羅西岸，所謂濟羅羅火山脈，著名之簡拉底火山，高一千七百公尺，曾於一七六三、一八一〇及一八五五年噴火三次云。

人文誌 摩鹿加以香料著名，產丁香、肉桂、豆蔻、胡椒等，此外農產品有米、椰子、碩莪等，海產有眞珠、鼈甲、海參、燕窩等。

摩鹿加之居民，北部以阿富爾人，南部以安汶人爲主，皆屬馬來種。自古以來，香料島爲國際之競爭場，故住民中以尤安汶人與西班牙、葡萄牙、荷蘭、阿剌伯混血者不少。中國人在經濟上頗占勢力。

地方誌 簡拉底（Ternate）在濟羅羅西岸同名小島上，爲一天然良港，貿易頗盛，商品以香料爲主。安汶（Ambon）在西蘭島西南安汶島南岸，荷屬摩鹿加州首府，爲一自由港，人口二萬，亦爲一大香料市場。在巴達維亞未建設前，此爲荷蘭人經營東印度之中心。萬蘭一譯曼達，爲萬蘭海中一小島，摩鹿加羣島中第一勝景地，亦爲香料特產地。十四五世紀葡荷兩國曾以爲競爭之目標。

第八節 紐幾尼亞（New Guinea）

總論 一五四五年西班牙人來基斯發見此島時，以其土人與非洲西岸之幾尼亞土人相似，故名之曰新幾尼亞。一稱巴布亞（Papua），爲捲髮人之意，以其土人之頭髮捲曲也。面積七十七萬方公里，稱世界第二大島。東部屬英國，西部屬荷蘭，爲摩鹿加州之一部。全部分大都尚未開發，內地之情況不明。在地理上言之，爲海洋洲之美拉尼西亞之一部。

地文誌　紐幾尼亞之紐幾尼亞大山系(New Guinee Cordillera)，爲新褶曲山脈，作東西走向，主要之山脈有雪山脈及查理士路易山脈(Charles Louis Geb.)等，最高峯達五千公尺，上有冰河。其西北半島有阿爾僕克山脈(Arfak Geb.)與半島同其走向，最高峯達三千四百公尺。阿爾僕克山脈與查理士山脈間有馬克魯愛爾灣(Maccluer Golf)與基爾溫克海(Geelvink baai)彎入中成狹長之地頸，係闊三十公里之石灰岩地帶，而分隔南部之花剛岩山地與阿爾僕克片麻岩地。阿爾僕克向西延長至濟羅羅島。查理士山脈延長爲米蘇爾島及俄比島、蘇拉島，而以西蘭海溝與萬蘭弧隔離。

紐幾尼亞中央山系之南爲大沈降地域，帝葛爾河(Digoer Rivier)、佛拉河(Fly Rivier)南流入海。此地氣候不良，可稱爲瘴癘之地。

北部沿岸另有海岸山脈，與中央山地平行。海岸山脈之西，基爾溫克灣岸有萬里斯(Van Rees)地壘山地高達二千公尺。海岸山脈爲近代隆起之斷層山脈，此脈之北海岸有隆起礁現出。海岸山脈與中央

一三一

山地間有陷沒之中央地溝曼貝拉摩河(Manberamo Rivier)由西向東成為縱谷西阻於萬里斯地壘，而北流入海。

本島全部溫度甚高雨量豐富內部之平野常為密雲所覆潤濕苦熱熱帶病流行平日降雨甚多尤以夜中為甚故為殖民之大障礙。

人文誌　土人稱巴布亞人為荷屬東印度最野蠻之人種至今尚有獵首及食人之俗土人大概裸體，以貝殼貝類為裝飾品大概嗜好煙草以薯莪為主要食粮南部另有卡耶卡耶人(Kajakajak)與紐幾尼亞人同屬玻尼里西亞系卡耶卡耶人性亦野蠻近年荷政府禁止獵首之俗但內地尚不能絕對禁止也又最近於中央山脈之西部發見小黑人荷蘭學者正在研究中。

紐幾尼亞生物屬澳洲系有袋鼠、天堂鳥等特殊動物大堂鳥華僑俗呼鸞鳥有多獵此為生者有用植物有煙草、甘蔗、米、咖啡、椰子等土人食品以薯莪、香蕉為主鑛產有金、銀、煤等海產有眞珠、海參等內地尚未開發交通不便沿岸無大商港故航路亦不發達。

地方誌　紐幾尼亞無大都市沿海港口西北半島有蘇朗(Sorang)及曼奴瓜里(Manokwari)，西南半島有瞨瞨(Fak Fak)南海岸有馬羅基(Meranke)而以馬羅基為荷屬最遠之商港最近荷蘭政府放逐東印度之共產黨於此老務(Dobo)在亞盧島西岸以出產眞珠著名。

本章參考文獻

Carpenter: Java and the East Indies.

Coote: Commercial Handbook of the Netherland East Indies.

Torchina: Tropical Holland, Java and other Islands

Foreign Office, Java and Madura.

Collet: Torres et peuples de Sumatra.

Cabaton: Java and the Dutch Indies.

Brouwer: The Gerlogy of the Netherlands East Indies.

中山成太郎：蘭領東印度。

勝間順藏：南洋富源の實際。

增井貞吉：經濟上より見たる蘭領印度。

竹井十郎：富源の南洋。

林有壬：南洋實地調査錄。

廖稚泉：荷屬東印度地理。

Schoolatlas van Nederlandsch-Indie.

第六章　英屬婆羅洲

第一節　總論

英屬婆羅洲，占有本島之西北部面積占本島七分之二，人口約百分之二十六。行政上分為北婆羅、文萊、沙勞越三保護國及海峽殖民地之屬島納閩島茲列表如下：

區域	面積	人口
英屬北婆羅	八〇、五五八方公里	二八四、八一三
文萊	六、四七五	三三、九五一
沙勞越	一二九、四九〇	四四二、九〇〇
納閩	八〇	七、五〇七
合計	二一六、六〇三	七六九、一七一

第二節　英屬北婆羅(British North Borneo)

英屬北婆羅占有本島之東北部，為英國北婆羅公司所經營由公司任命之總督治理之。地勢多山，急峻切開之山地島嶼甚多。近西岸之中國巴魯山（譯言中國寡婦山）高四千一百七十公尺，為本島第一高峯地質以閃長岩及花剛岩爲主。住民中土人約二十餘萬，以杜生人(Dusuns)爲主，巴加人(Bajaus)及摩魯特人(Muruts)、馬來人次之。中國人有四千七百人。物產有樹膠、椰子、油椰子、碩莪、米、煙草、咖啡等。大規模之樹膠椰子栽培事業，均歐人及華僑經營。碩莪爲土人主要食料。木材爲主要輸出品，鑛產有煤、鐵、煤油等。鐵路延長一百二十七英里，自亞庇埠至米拉納勃(Melalap)，又支線自保佛(Beaufort)至威士甸港(Weston)。

山打根(Sandakan)，一譯仙那港，面蘇祿海，爲北婆羅首府，人口一萬三千，華僑占一萬人。港口水量甚深，五六千噸之輪船可以自由出入，土人多構屋水上，風光明媚，爲北婆羅政治經濟之中心及第一都市及商埠。斗湖(Tawao)在東南岸，其發達甚早，爲栽培業之中心。古達(Kudat)在北端海岸，港灣不良，船舶出入不便，此地曾爲北婆羅政治之中心，往昔甚繁盛，今衰落不如前矣。亞庇(Jesselton)在西岸之加耶灣(Bay Gaja)，北婆羅總督於東北季候風期移住於此。我國有領事駐在。人口五千，有鐵路通西岸各港。

第三節 文萊(Brunei)

文萊一譯波羅，乃爲婆羅洲西北部之一蘇丹國，受英國保護。壤土狹小，人口稀少，以馬來人爲多，華僑有一千四百人。氣候炎熱多溫。內部森林叢密，富於木材。物產有樹膠、碩莪、米、煤油，產於 Seria 地方，大部分輸出。首府名文萊，臨文萊灣，人口約一萬。

納閩島(Labuan)在文萊灣口，距文萊四十三英里，有小輪船往來。此島歸海峽殖民地管轄，富於煤礦，人口七千七百，華僑占二千三百人。首府名維多利亞。

第四節　沙勞越(Sarawak)

沙勞越一譯薩拉瓦克，在英屬婆羅洲之最南部，最占重要之地域。國土南境之伊蘭山脈與卡浦斯山脈，不但為英荷領土之界限，且為婆羅洲之大分水嶺。沙勞越之大水巴蘭河(Baram R.)與拉讓河(Rejang)皆源出於此，北流注入南海。拉讓河口構成大三角洲。沙勞越本為文萊國地，經英人雅各不律(James Brooke)之經營，收入英國勢力之下，一八八八年歸英國保護，不律氏之後裔今仍為沙勞越之拉加(Rajah)。人口無統計，說者謂有四十五萬人至六十萬人，以馬來人、達雅克人、加顏人、摩魯特人為主，華僑有五萬人左右。土地肥沃，農產品以樹膠、胡椒、椰子、碩莪、米為主，鑛產以煤油為最著。米里及巴蘭河流域有大油田，煤油占全輸出之半額。沙東河(Sadong)流域及沙勞越河流域產煤。上沙勞越產金，自古以來有華僑從事採掘。陸路交通不便，道路不及南洋羣島別屬之完備，內陸往來以河道為主。拉讓河自河口至上流六十英里之詩誣，可行一千五百噸之輪船，又上溯九十英里至加帛(Kapit)可行小輪船。沙越河自河口至上流二十三英里之古晉，可行一千五百噸之輪船。其他巴蘭諸河皆可行小輪船。

首府古晉(Kuching)，一譯龜瀆，又稱沙勞越，在本國西端，位置在沙勞越河口上流二十三英里，人口二萬五千，輸出品有碩莪、金、金剛石等，貿易與新加坡及香港往來。米里(Miri)在東北部海岸，爲煤油產地之中心，二十年前不過一小村鎮，今人口增至七千，稱沙勞越第二都會。詩誣(Sibu)在拉讓河下流，一九一〇年間福州人黃乃裳與沙勞越拉加立約，招其鄉人至此開拓，故有新福州之稱。

本章參考文獻

Handbook of the State of British Northe Borneo.

Rutter: British North Borneo.

Bruce Twenty Years in Borneo.

小林新平：サラワク國事情。

石井健三郎：ホルネオサラワ王國事情。

第七章　菲律賓羣島(The Philippine Islands)

第一節　總論

位置面積　菲律賓為西班牙人所命名，乃紀念西班牙王菲律第二(Philip II)而來。在馬來羣島之最東北，自北緯四度四十分至二十一度十分，東經一百十六度四十分至一百二十六度三十分。東臨太平洋，西距南海，面積共二十九萬六千方公里，其中呂宋島十萬五千方公里，棉蘭著島九萬五千方公里，兩大島占全面積百分之七十。今將其主要島嶼列表如下：

呂宋島(Luzon)	一〇五、七〇八方公里	民都洛(Mindoro)	九、二二八
棉蘭著(Mindanao)	九五、五八七	禮智(Leyte)	七、二四九
三描(Samar)	一三、二七一	宿務(Cebu)	四、三九〇
黑人島(Negros)	一二、六九九	保和(Bohoe)	三、九七三
巴拉溫(Palawan)	一一、六五五	馬示描地(Masbate)	三、二五〇
班乃(Panay)	一一、五二〇	其他島嶼	一七、一六六

區分　菲律賓羣島大小凡七千八十三島，由其位置上可分為呂宋、棉蘭著、未塞亞、巴拉溫、蘇祿(Su-lu)五羣，茲列表如下：

一、呂宋羣島
- 呂宋島
- 民都洛島
- 馬示描地島

二、未塞亞羣島
- 三描島
- 禮智島
- 保和島
- 宿務島
- 黑人島
- 班乃島

三、棉蘭荖羣島

四、巴拉溫羣島

五、蘇祿羣島

第二節　地文誌

地勢及山脈　菲律賓羣島，適當東亞花彩列島之前哨，台灣之古山脈，至呂宋島，分爲多數山弧。古結晶質山脈自呂宋島之山巴理士(Sambales)經巴拉溫至西婆羅洲，卽所謂巴拉溫弧。第三紀之山脈經黑人島至棉蘭荖之西，又自蘇祿羣島達東婆羅洲，卽所謂蘇祿弧。又古結晶質山弧，自棉蘭荖之中部經火山質之沙吉羣島，達西里伯之北部，卽所謂沙吉弧。最外側之古生帶山弧自山描、禮智，經東棉蘭荖而至土老羣島，即所謂士老弧。

是以菲律賓地質之構造爲南北性的試就呂宋島觀察之，沿東海岸有馬德來山脈(Sierra Madra)，其西有北山脈(Cordа del Norte)，兩者之間有嘉牙因河 (Cagayan R.) 縱谷地發達。北山脈之西側，自撈宇板 (Dagupan)'至馬尼剌灣爲中央低地帶。更西側則有三巴理士山脈，與巴拉溫弧相連。棉蘭茬東部南北走之山脈甚爲明顯構成數條陷沒谷地，河流湖泊形式整然。西部之三寶顏山脈則作東北西南走與蘇祿羣島相連絡。

菲律賓羣島之褶曲山脈，在第三紀以前已形成其一部分，中新世之末期與鮮新世之末而大隆起，更入第四期而上昇，乃成今日之現狀。全部大體成一背斜部，其大向斜部在東方海底，成所謂菲賓律海溝，其中之愛姆登海淵 (Emden deep)深一〇七九三公尺，稱世界最深之處。

火山自褶曲山脈上噴出，大概分爲二系，一自巴時海峽穿過呂宋島東部，經棉蘭茬島至沙吉羣島。其在呂宋東南部者有馬瑤 (Mayon) 火山，高二五一二公尺，一八一四年活動在其西二百二十英里之馬尼剌可見降灰。一九〇四年有熔岩流及多量之火山灰噴出，附近之二村落爲之埋沒。棉蘭茬島南部之阿波(Apo)火山，高三一三〇公尺，爲羣島第一高山。一系自馬尼剌附近經黑人島至蘇祿羣島。馬尼剌南六十公尺之塔爾(Taal)湖，爲火山性湖泊，中浮塔爾活火山，風景甚佳。

氣候　菲律賓就其位置上言之，自北緯五度至二十度，故屬於熱帶季候風帶。更就其降雨狀態而言，乃分爲三或四氣候區。

一、西部諸地域，乾季與濕地甚明顯，濕季自六月中旬至十二月初，即印度季候風之期間。二、東部諸地域，冬季東北貿易風（十二月—五月）齊來之雨量甚大，其他各月濕氣亦富，多陰。自六月至十二月，雨量依季候風而來。三—四，中央諸地域，謂爲一氣候特殊地帶，不如謂爲一移行地域（Transition Belt）；北部三月及四月有一定之乾燥期，其他各地除最高雨期以外，有不顯著之乾燥期。

我國南海及東海之颶風，多起於菲律賓之東方北緯八度至十五度之間，此等颶風自七月至十一月，發生最多，五月六月及十二月稍減，其他各月甚稀，二月可謂無之。此颶風在菲律賓羣島，又分爲南北中三部。即南帶非常稀少，北帶最烈，中帶界乎二者之間。菲島雨量之分布與颶風之發生，爲本島農產物分布之基本條件。

第三節 人文誌

居民 菲島居民一三、○九九、四○五人，全人口百分之八十七爲菲律賓人外僑有美國人、西班牙人及中國人中國人數約七萬占經濟上重要之地位。居民分馬來人及小黑人二系統，小黑人系之海膽人(Aetas)、西班牙人稱 Negritos 爲羣島之原住民，後被馬來人所壓迫，避居內地文化甚低，其居住地在呂宋、班乃、黑人、明都洛、巴拉溫及棉蘭荖之山中。

馬來人因宗教之不同，而分爲異教、回教及基督教三派。異教徒有乙峨羅地(Igorotes)人、乙夫蓋人(Ifugaos) 居北呂宋及民都洛、棉蘭荖之山中。回教徒稱摩洛人(Moros)(注一)居棉蘭荖、巴拉溫與蘇祿羣島，性質勇悍，在西領時代屢與西班牙人相抵抗。菲律賓人指基督教之馬來人而言，又分爲數派，依方言而異。其中分爲剌加祿(Tagalongs)、未塞亞(Visayan)二大羣，前者居呂宋島，後者居未塞亞羣島。菲律賓受西班牙統治者三百年，故宗教文化，受西班牙影響甚大，自屬美後，英語普及，今全島通行英語。

(注一)中古時西班牙稱摩洛哥之回教徒曰摩爾人(Moors)，或摩洛人，後轉用於東方。

經濟 菲律賓羣島之物產區域如下：

一、森林帶占全土三分之二

二、南部馬尼剌麻地帶　｝占全土三分之一
三、北部農業地帶　　　｝
四、海岸椰子地帶、　　｝

蔗糖、椰子、馬尼剌麻、煙草爲菲島四大物產。甘蔗需要有乾濕二季之地域，故其產地以呂宋島之中央平地與加牙因河谷地爲主。近年逐漸向南部諸島開拓，尤以黑人島與班乃島品質佳良。馬尼剌麻，一稱亞白加(Abaca)，與香蕉同種，而以羣島中部之颶風稀少地帶爲主產地，由馬尼剌向歐美諸國輸出。今棉蘭老之撈卯(Davao)爲日本人經營之大馬尼剌麻地域。米與煙草亦以呂宋島爲主產地，米質頗良，但不足自給，而仰印度支那之輸入。海岸地帶產椰子，椰乾亦爲主要輸出品。

山地密林掩覆，木材之輸出甚多，棉蘭老之柚木以品質優良著名。海島海產甚富，蘇祿羣島以出產眞珠著名。

菲律賓之貿易，輸出約三萬萬元，輸入約二萬七千萬元，輸出品以砂糖、馬尼剌麻、椰子油、椰乾、煙草爲主。全土鑛物有金、銅、煤、煤油等，但可謂尚未開掘。輸入品以棉布爲第一位，而以鐵及鐵製品爲第二位。貿易國以美國爲主，占全貿易六百之六十，日本、英國、中國次之。

交通　陸地交通以陸路爲主，全島之大路凡六千餘公里，可行汽車鐵路祇有一、二九三公里，其主要路線在呂宋島自馬尼剌北至 Bauang，南至 Aluneros，共長五四九公里。班乃島之鐵路自南岸之怡朗至北岸之加帛斯（Capiz）。宿務島亦有短距離之鐵路。

海外航路以馬尼剌、怡朗、宿務、三寶顏爲中心。馬尼剌與美洲及澳洲均有航路往來，而與香港往來尤頻。三寶顏與婆羅洲往來甚便。

菲律賓自一八九九年自西班牙領土而轉入美國治下，美國即聲明並不欲永久佔領菲律賓，而以養成菲人之自治能力，將來予以適當之處分爲約。但菲人不欲在美國之治下，故屢有獨立之要求，而以世界大戰之時，其運動最烈。一九一六年美國以菲律賓完全政府成立，美國允許獨立相豫約。此後菲島獨立問題久成美菲間之懸案。直至一九三四年，菲島獨立法案始於美國議會通過。一九三五年菲律賓聯邦成立。此聯邦制之共和國，大總統任期六年，採三權分立主義，行政權歸大總統，立法權行一院制之議會。美國置高等事務官，監督內政，又外交國防亦歸美國統制，故實際上尚未爲完全之獨立國。現在豫想十年後完全獨立云。

第四節　地文誌

菲律賓行政區域分二市（馬尼剌，碧瑤）四十九洲。

呂宋羣島　馬尼剌(Manila)一譯岷希蚋，華僑簡稱岷埠。爲菲律賓共和國首府，人口三十四萬，中國人有一萬八千，占全市重要之地，位沿馬尼剌灣，市街跨巴石河，此爲商業區，南爲住宅區，河上架橋而以西班牙橋爲最著名。輸出品有煙草、馬尼剌麻、木材等，爲菲島文化經濟之中心，有國立菲律賓大學，我國留學生亦有之。甲米地(Cavite)華僑呼曰庚易，在馬尼剌西三十公里，有汽車相通，兩地每日有渡船往來數次，此地爲美國海軍之要港。又其西馬尼剌灣口之雞嶼(Corregidor)爲要塞地方。

碧瑤(Baguio)　在馬尼剌北，位於一千五百公尺之高地，以避暑地知名，夏季菲律賓政府移住此地。

仁牙因(Lingayen)沿仁牙因灣，爲北呂宋之要衝。

里帛(Lipa)在馬尼剌之南，沿鐵路，爲馬尼剌麻之中心，西北有塔爾火山。

亞巴里(Albey)在呂宋島之南，沿太平洋之亞巴里灣，前控多數島嶼，可避風浪，爲南呂宋大都會，西望馬瑤火山，輸出品有馬尼剌麻、煙草。

未塞亞羣島　怡朗(Iloilo)在班乃島南端，沿怡朗海峽，有鐵路通北方的加帛斯，人口六萬，輸出品以砂糖著名，煙草、馬尼剌麻次之。

宿務(Cebu)在宿務島東岸，人口八萬二千，羣島第二大都會，爲西未塞亞羣島之商業中心，又係菲律賓最早之殖民地，其東方有描克丹(Mactan)小島，麥哲倫周航世界至此，死於土人之手。

棉蘭荖羣島 三寶顏(Zamboanga)在本島之西端，人口四萬四千，輸出品以砂糖、馬尼剌麻、椰乾為大宗，貿易多與蘇祿羣島及北婆羅往來。

撈卯(Davao)在本島之東南，附近產麻、木材等。日本人在此植麻者極多，宛如日本人之殖民地。

參考文獻

Forman: Philippine Islands.

Worcester: Philippine, Past, and Present.

Miller: Economic Conditions in the Philippines.

Statistical Bulletin of the Philippine Islands.

顧文初：菲律賓華僑教育叢刊。

濱野末太郎：最近之比律濱。

南洋地理終

民國二十九年十二月印刷
民國二十九年十二月發行

南洋地理（全一冊）

◎定價　　　　圓
（郵運匯費另加）

著者　李長傅
發行者　中華書局有限公司　代表人路錫三
印刷者　上海澳門路　美商永寧有限公司
總發行處　昆明　中華書局發行所
分發行處　各埠　中華書局
（二二六〇二）